जूठन
[आत्मकथा : पहला खंड]

जूठन

[पहला खंड]

ओमप्रकाश वाल्मीकि

राधाकृष्ण प्रकाशन

ISBN : 978-81-7119-307-3

जूठन [आत्मकथा : पहला खंड]

पहला संस्करण : 1997
तेरहवाँ संस्करण : 2026

मूल्य : ₹595

प्रकाशक
राधाकृष्ण प्रकाशन प्राइवेट लिमिटेड
जी-17, जगतपुरी, दिल्ली-110 051
शाखाएँ : अशोक राजपथ, साइंस कॉलेज के सामने, पटना-800 006
पहली मंजिल, दरबारी बिल्डिंग, महात्मा गांधी मार्ग, प्रयागराज-211 001
1, अनमोल सोराबजी संतुक लेन, धोबी तलाव, मरीन लाइंस, मुम्बई-400 002
वेबसाइट : www.radhakrishnaprakashan.com
ई-मेल : info@radhakrishnaprakashan.com

मुद्रक
बी.के. ऑफसेट
नवीन शाहदरा, दिल्ली-110 032

JOOTHAN (Part-1)
Autobiography by Omprakash Valmiki

माँ
और
पिताजी को...

लेखक की ओर से...

दलित-जीवन की पीड़ाएँ असहनीय और अनुभव-दग्ध हैं। ऐसे अनुभव जो साहित्यिक अभिव्यक्तियों में स्थान नहीं पा सके। एक ऐसी समाज-व्यवस्था में हमने साँसें ली हैं, जो बेहद क्रूर और अमानवीय है। दलितों के प्रति असंवेदनशील भी।

अपनी व्यथा-कथा को शब्दबद्ध करने का विचार काफी समय से मन में था, लेकिन प्रयास करने के बाद भी सफलता नहीं मिली थी। कितनी ही बार लिखना शुरू किया और हर बार लिखे गए पन्ने फाड़ दिए। कहाँ से शुरू करूँ और कैसे? यही दुविधा थी। कुछ मित्रों की राय थी, आत्मकथा के बजाय उपन्यास लिखो।

अचानक दिसम्बर, 1993 में राजकिशोर जी का पत्र आया। वे 'आज के प्रश्न' शृंखला में 'हरिजन से दलित' पुस्तक की योजना बना रहे थे। वे चाहते थे, उस पुस्तक के लिए, दस-ग्यारह पृष्ठों में, अपने अनुभव आत्मकथात्मक शैली में लिखूँ। उनका आग्रह था, अनुभव सच्चे एवं प्रामाणिक हों। पात्रों के नाम चाहें तो बदल भी सकते हैं। राजकिशोर जी के इस पत्र ने मेरे मन में बेचैनी पैदा कर दी थी।

कुछ दिन दुविधा में निकल गए। एक पंक्ति तक नहीं लिख पाया। इसी बीच राजकिशोर जी का दूसरा पत्र आ गया था, अल्टीमेटम के साथ। जनवरी, '94 के अन्त तक सामग्री भेजो। पुस्तक प्रेस में जाने के लिए तैयार है। पता नहीं, राजकिशोर जी के उस पत्र में ऐसा क्या था, मैंने उसी रात अपने शुरुआती

दिनों के कुछ पृष्ठ लिख डाले और अगले ही दिन राजकिशोर जी को भेज दिए। सप्ताह-भर उत्तर की प्रतीक्षा की। फोन पर बात हुई, उस सामग्री को वे छाप रहे थे।

'हरिजन से दलित' पुस्तक में पहला ही शीर्षक था—'एक दलित की आत्मकथा'। पुस्तक छपते ही पाठकों के पत्रों का सिलसिला शुरू हो गया था। दूर-दराज ग्रामीण क्षेत्रों तक से पाठकीय प्रतिक्रियाएँ मिली थीं। दलित वर्ग के पाठकों को उन पृष्ठों में अपनी पीड़ा दिखाई दे रही थी। सभी का आग्रह था, मैं अपने अनुभवों को विस्तार से लिखूँ।

इन अनुभवों को लिखने में कई प्रकार के खतरे थे। एक लम्बी जद्दोजहद के बाद मैंने सिलसिलेवार लिखना शुरू किया। तमाम कष्टों, यातनाओं, उपेक्षाओं, प्रताड़नाओं को एक बार फिर जीना पड़ा। उस दौरान गहरी मानसिक यंत्रणाएँ मैंने भोगीं। स्वयं को परत-दर-परत उधेड़ते हुए कई बार लगा—कितना दुखदायी है यह सब! कुछ लोगों को यह अविश्वसनीय और अतिरंजनापूर्ण लगता है।

कई मित्र हैरान थे, अभी से आत्मकथा लिख रहे हो! उनसे मेरा निवेदन है—उपलब्धियों की तराजू पर यदि मेरी इस व्यथा-कथा को रखकर तौलोगे तो हाथ कुछ नहीं लगेगा। एक मित्र की यह भी सलाह थी कि मैं आत्मकथा लिखकर अपने अनुभवों का मूलधन खा रहा हूँ। कुछ का यह भी कहना था कि खुद को नंगा करके आप अपने समाज की हीनता को ही बढ़ाएँगे। एक बेहद आत्मीय मित्र को भय सता रहा है। उन्होंने लिखा—आत्मकथा लिखकर आप अपनी प्रतिष्ठा ही न खो दें।

जो सच है, उसे सबके सामने रख देने में संकोच क्यों? जो यह कहते हैं—'हमारे यहाँ ऐसा नहीं होता' यानी अपने आपको श्रेष्ठ साबित करने का भाव—उनसे मेरा निवेदन है, इस पीड़ा के दंश को वही जानता है जिसे सहना पड़ा।

इस प्रक्रिया में ऐसा बहुत-कुछ है जो लिखा नहीं गया या मैं लिख नहीं पाया। मेरी सामर्थ्य से बाहर था। इसे आप मेरी

कमजोरी मान सकते हैं।

पुस्तक का शीर्षक चयन करने में श्रद्धेय राजेन्द्र यादव जी ने बहुत मदद की। अपने व्यस्त जीवन से समय निकालकर पांडुलिपि को पढ़ा। सुझाव दिए। 'जूठन' शीर्षक भी उन्होंने ही सुझाया। उनका आभार व्यक्त करना मात्र औपचारिकता होगी। उनके सुझाव और मार्गदर्शन मेरे लिए महत्ता रखते हैं।

कँवल भारती और डॉ. श्यौराज सिंह 'बेचैन' ने इस दौरान मानसिक सम्बल दिया है।

और, अन्त में, अशोक महेश्वरी जी, जिनके बगैर यह पुस्तक शायद पूरी न हो पाती। इसे छापने में उन्होंने जो रुचि दिखाई, उससे मेरी बहुत-सी समस्याओं का समाधान स्वतः ही हो गया।

—ओमप्रकाश वाल्मीकि

4, न्यू रोड स्ट्रीट
कलालोंवाली गली,
देहरादून-248001 (उ. प्र.)

हमारा घर चन्द्रभान तगा के घेर से सटा हुआ था। उसके बाद कुछ परिवार मुसलमान जुलाहों के थे। चन्द्रभान तगा के घेर के ठीक सामने एक छोटी-सी जोहड़ी (जोहड़ का स्त्रीलिंग) थी, जिसने चूहड़ों के बगड़ और गाँव के बीच एक फासला बना दिया था। जोहड़ी का नाम डब्बोवाली था। डब्बोवाली नाम कैसे पड़ा, कहना मुश्किल है। हाँ, इतना जरूर है कि इस डब्बोवाली जोहड़ी का रूप एक बड़े गड्ढे के समान था, जिसके एक ओर तगाओं के पक्के मकानों की ऊँची दीवारें थीं। जिनसे समकोण बनाती हुई झींवरों के दो-तीन परिवारों के कच्चे मकानों की दीवारें थीं। उसके बाद फिर तगाओं के मकान थे।

जोहड़ी के किनारे पर चूहड़ों के मकान थे, जिनके पीछे गाँव भर की औरतें, जवान लड़कियाँ, बड़ी-बूढ़ी, यहाँ तक कि नई नवेली दुलहनें भी इसी डब्बोवाली के किनारे खुले में टट्टी-फरागत के लिए बैठ जाती थीं। रात के अँधेरे में ही नहीं, दिन के उजाले में भी पर्दों में रहनेवाली त्यागी महिलाएँ, घूँघटें काढ़े, दुशाले ओढ़े इस सार्वजनिक खुले शौचालय में निवृत्ति पाती थीं। तमाम शर्म-लिहाज छोड़कर वे डब्बोवाली के किनारे गोपनीय जिस्म उघाड़कर बैठ जाती थीं। इसी जगह गाँव भर के लड़ाई-झगड़े गोलमेज कॉन्फ्रेंस की शक्ल में चर्चित होते थे। चारों तरफ गन्दगी भरी होती थी। ऐसी दुर्गन्ध कि मिनट भर में साँस घुट जाए। तंग गलियों में घूमते सूअर, नंग-धड़ंग बच्चे, कुत्ते, रोजमर्रा के झगड़े—बस, यह था वह वातावरण जिसमें बचपन बीता। इस माहौल में यदि वर्ण-व्यवस्था को आदर्श-व्यवस्था कहनेवालों को दो-चार दिन रहना पड़ जाए तो उनकी राय बदल जाएगी।

उसी बगड़ में हमारा परिवार रहता था। पाँच भाई, एक बहन, दो चाचा, एक ताऊ का परिवार। चाचा और ताऊ अलग रहते थे। घर में सभी कोई न

कोई काम करते थे। फिर भी दो जून की रोटी ठीक ढंग से नहीं चल पाती थी। तगाओं के घरों में साफ-सफाई से लेकर खेती-बाड़ी, मेहनत-मजदूरी सभी काम होते थे। ऊपर से रात-बेरात बेगार करनी पड़ती। बेगार के बदले में कोई पैसा या अनाज नहीं मिलता था। बेगार के लिए ना कहने की हिम्मत किसी में नहीं थी। गाली-गलौज, प्रताड़ना अलग। नाम लेकर पुकारने की किसी को आदत नहीं थी। उम्र में बड़ा हो तो 'ओ चूहड़े', बराबर या उम्र में छोटा है तो 'अबे चूहड़े के'—यही तरीका या सम्बोधन था।

अस्पृश्यता का ऐसा माहौल कि कुत्ते-बिल्ली, गाय-भैंस को छूना बुरा नहीं था लेकिन यदि चूहड़े का स्पर्श हो जाए तो पाप लग जाता था। सामाजिक स्तर पर इनसानी दर्जा नहीं था। वे सिर्फ जरूरत की वस्तु थे। काम पूरा होते ही उपयोग खत्म। इस्तेमाल करो, दूर फेंको।

हमारे मोहल्ले में एक ईसाई आते थे। नाम था सेवकराम मसीही। चूहड़ों के बच्चों को घेरकर बैठे रहते थे। पढ़ना-लिखना सिखाते थे। सरकारी स्कूलों में तो कोई घुसने नहीं देता था। सेवकराम मसीही के पास सिर्फ मुझे ही भेजा गया था। भाई तो काम करते थे। बहन को स्कूल भेजने का सवाल ही नहीं था।

मास्टर सेवकराम मसीही के खुले, बिना कमरों, बिना टाट-चटाईवाले स्कूल में अक्षर ज्ञान शुरू किया था। एक दिन सेवकराम मसीही और मेरे पिताजी में कुछ खटपट हो गई थी। पिताजी मुझे लेकर बेसिक प्राइमरी विद्यालय गए थे जो कक्षा पाँच तक था। वहाँ मास्टर हरफूल सिंह थे। उनके सामने मेरे पिताजी ने गिड़गिड़ाकर कहा था, "मास्टरजी, थारी मेहरबान्नी हो जागी जो म्हारे इस जाकत (बच्चा) कू बी दो अक्षर सिखा दोगे।"

मास्टर हरफूल सिंह ने अगले दिन आने को कहा था। पिताजी अगले रोज फिर गए। कई दिन तक स्कूल के चक्कर काटते रहे। आखिर एक रोज स्कूल में दाखिला मिल गया। उन दिनों देश को आजादी मिले आठ साल हो गए थे। गांधीजी के अछूतोद्धार की प्रतिध्वनि सुनाई पड़ती थी। सरकारी स्कूलों के द्वार अछूतों के लिए खुलने शुरू तो हो गए थे, लेकिन जनसामान्य की मानसिकता में कोई विशेष बदलाव नहीं आया था। स्कूल में दूसरों से दूर

बैठना पड़ता था, वह भी जमीन पर। अपने बैठने की जगह तक आते-आते चटाई छोटी पड़ जाती थी। कभी-कभी तो एकदम पीछे दरवाजे के पास बैठना पड़ता था। जहाँ से बोर्ड पर लिखे अक्षर धुँधले दिखते थे।

त्यागियों के बच्चे 'चूहड़े का' कहकर चिढ़ाते थे। कभी-कभी बिना कारण पिटाई भी कर देते थे। एक अजीब-सी यातनापूर्ण जिन्दगी थी, जिसने मुझे अन्तर्मुखी और चिड़चिड़ा, तुनकमिजाजी बना दिया था। स्कूल में प्यास लगे तो हैंडपम्प के पास खड़े रहकर किसी के आने का इन्तजार करना पड़ता था। हैंडपम्प छूने पर बावेला हो जाता था। लड़के तो पीटते ही थे, मास्टर लोग भी हैंडपम्प छूने पर सजा देते थे। तरह-तरह के हथकंडे अपनाए जाते थे ताकि मैं स्कूल छोड़कर भाग जाऊँ, और मैं भी उन्हीं कामों में लग जाऊँ, जिनके लिए मेरा जन्म हुआ था। उनके अनुसार, स्कूल आना मेरी अनधिकार चेष्टा थी।

मेरी ही कक्षा में राम सिंह और सुक्खन सिंह भी थे। राम सिंह जाति से चमार था और सुक्खन सिंह झींवर। राम सिंह के पिताजी और माँ खेतों में मजदूरी करते थे। सुक्खन सिंह के पिताजी इंटर कॉलेज में चपरासी थे। हम तीनों साथ-साथ पढ़े, बड़े हुए, बचपन के खट्टे-मीठे अनुभव समेटे थे। तीनों पढ़ने में हमेशा आगे रहे। लेकिन जाति का छोटापन कदम-कदम पर छलता रहा।

बरला गाँव में कुछ मुसलमान त्यागी भी थे। त्यागियों को भी तगा कहते थे। मुसलमान तगाओं का व्यवहार भी हिन्दुओं जैसा ही था। कभी कोई अच्छा साफ-सुथरा कपड़ा पहनकर यदि निकले तो फब्तियाँ सुननी पड़ती थीं। ऐसी फब्तियाँ जो बुझे तीर की तरह भीतर तक उतर जाती थीं। ऐसा हमेशा होता था। साफ-सुथरे कपड़े पहनकर कक्षा में जाओ तो साथ के लड़के कहते, "अबे चूहड़े का, नए कपड़े पहनकर आया है।" मैले-पुराने कपड़े पहनकर स्कूल जाओ तो कहते, "अबे चूहड़े के, दूर हट, बदबू आ रही है।"

अजीब हालात थे। दोनों ही स्थितियों में अपमानित होना पड़ता था।

चौथी कक्षा में थे। हेडमास्टर बिशम्बर सिंह की जगह कलीराम आ गए

थे। उनके साथ एक और मास्टर आए थे। उनके आते ही हम तीनों के बहुत बुरे दिन आ गए थे। बात-बेबात पर पिटाई हो जाती थी। राम सिंह तो कभी-कभी बच भी जाता था, लेकिन सुक्खन सिंह और मेरी पिटाई तो आम बात थी। मैं वैसे भी काफी कमजोर और दुबला-पतला था उन दिनों।

सुक्खन के पेट पर पसलियों के ठीक ऊपर एक फोड़ा हो गया था, जिससे हर वक्त पीप बहती रहती थी। कक्षा में वह अपनी कमीज ऊपर की तरफ इस तरह मोड़कर रखता था, ताकि फोड़ा खुला रहे। एक तो कमीज पर पीप लगने का डर था, दूसरे मास्टर की पिटाई के समय फोड़े को बचाया जा सकता था।

एक दिन मास्टर ने सुक्खन सिंह को पीटते समय उस फोड़े पर ही एक घूँसा जड़ दिया। सुक्खन की दर्दनाक चीख निकली। फोड़ा फूट गया था। उसे तड़पता देखकर मुझे भी रोना आ गया था। मास्टर हम लोगों को रोता देखकर लगातार गालियाँ बक रहा था। ऐसी गालियाँ जिन्हें यदि शब्दबद्ध कर दूँ तो हिन्दी की आभिजात्यता पर धब्बा लग जाएगा। क्योंकि मेरी एक कहानी 'बैल की खाल' में एक पात्र के मुँह से गाली दिलवा देने पर हिन्दी के कई बड़े लेखकों ने नाक-भौं सिकोड़ी थी। संयोग से गाली देनेवाला पात्र ब्राह्मण था। ब्राह्मण यानी ब्रह्म का ज्ञाता और गाली...!

अध्यापकों का आदर्श रूप जो मैंने देखा वह अभी तक मेरी स्मृति से मिटा नहीं है। जब भी कोई आदर्श गुरु की बात करता है तो मुझे वे तमाम शिक्षक याद आ जाते हैं जो माँ-बहन की गालियाँ देते थे। सुन्दर लड़कों के गाल सहलाते थे और उन्हें अपने घर बुलाकर उनसे वाहियातपन करते थे।

एक रोज हेडमास्टर कलीराम ने अपने कमरे में बुलाकर पूछा, "क्या नाम है बे तेरा?"

"ओमप्रकाश," मैंने डरते-डरते धीमे स्वर में अपना नाम बताया। हेडमास्टर को देखते ही बच्चे सहम जाते थे। पूरे स्कूल में उनकी दहशत थी।

"चूहड़े का है?" हेडमास्टर का दूसरा सवाल उछला।

"जी।"

"ठीक है...वह जो सामने शीशम का पेड़ खड़ा है, उस पर चढ़ जा और

टहनियाँ तोड़ के झाड़ू बणा ले। पत्तोंवाली झाड़ू बणाना। और पूरे स्कूल कू ऐसा चमका दे जैसा सीसा। तेरा तो यो खानदानी काम है। जा...फटाफट लग जा काम पे।''

हेडमास्टर के आदेश पर मैंने स्कूल के कमरे, बरामदे साफ कर दिए। तभी वे खुद चलकर आए और बोले, ''इसके बाद मैदान भी साफ कर दे।''

लम्बा-चौड़ा मैदान मेरे वजूद से कई गुना बड़ा था, जिसे साफ करने से मेरी कमर दर्द करने लगी थी। धूल से चेहरा-सिर अँट गया था। मुँह के भीतर धूल घुस गई थी। मेरी कक्षा में बाकी बच्चे पढ़ रहे थे और मैं झाड़ू लगा रहा था। हेडमास्टर अपने कमरे में बैठे थे लेकिन निगाह मुझ पर टिकी थी। पानी पीने तक की इजाजत नहीं थी। पूरा दिन मैं झाड़ू लगाता रहा। तमाम अनुभवों के बीच कभी इतना काम नहीं किया था। वैसे भी घर में भाइयों का मैं लाड़ला था।

दूसरे दिन स्कूल पहुँचा। जाते ही हेडमास्टर ने फिर झाड़ू के काम पर लगा दिया। पूरे दिन झाड़ू देता रहा। मन में एक तसल्ली थी कि कल से कक्षा में बैठ जाऊँगा।

तीसरे दिन मैं कक्षा में जाकर चुपचाप बैठ गया। थोड़ी देर बाद उनकी दहाड़ सुनाई पड़ी, ''अबे, ओ चूहड़े के, मादरचोद कहाँ घुस गया...अपनी माँ...''

उनकी दहाड़ सुनकर मैं थर-थर काँपने लगा था। एक त्यागी लड़के ने चिल्लाकर कहा, ''मास्साहब, वो बैट्ठा है कोणे में।''

हेडमास्टर ने लपककर मेरी गर्दन दबोच ली थी। उनकी उँगलियों का दबाव मेरी गर्दन पर बढ़ रहा था। जैसे कोई भेड़िया बकरी के बच्चे को दबोचकर उठा लेता है। कक्षा से बाहर खींचकर उसने मुझे बरामदे में ला पटका। चीखकर बोले, ''जा लगा पूरे मैदान में झाड़ू...नहीं तो गांड में मिर्ची डाल के स्कूल के बाहर काढ़ (निकाल) दूँगा।''

भयभीत होकर मैंने तीन दिन पुरानी वही शीशम की झाड़ू उठा ली। मेरी तरह ही उसके पत्ते सूखकर झरने लगे थे। सिर्फ बची थीं पतली-पतली टहनियाँ। मेरी आँखों से आँसू बहने लगे थे। रोते-रोते मैदान में झाड़ू लगाने

लगा। स्कूल के कमरों की खिड़की, दरवाजों से मास्टरों और लड़कों की आँखें छिपकर तमाशा देख रही थीं। मेरा रोम-रोम यातना की गहरी खाई में लगातार गिर रहा था।

मेरे पिताजी अचानक स्कूल के पास से गुजरे। मुझे स्कूल के मैदान में झाड़ू लगाता देखकर ठिठक गए। बाहर से ही आवाज देकर बोले, "मुंशी जी, यो क्या कर रा है?" वे प्यार से मुझे मुंशी जी ही कहा करते थे। उन्हें देखकर मैं फफक पड़ा। वे स्कूल के मैदान में मेरे पास आ गए। मुझे रोता देखकर बोले, "मुंशीजी...रोते क्यों हो? ठीक से बोल, क्या हुआ है?"

मेरी हिचकियाँ बँध गई थीं। हिचक-हिचककर पूरी बात पिताजी को बता दी कि तीन दिन से रोज झाड़ू लगवा रहे हैं। कक्षा में पढ़ने भी नहीं देते।

पिताजी ने मेरे हाथ से झाड़ू छीनकर दूर फेंक दी। उनकी आँखों में आग की गर्मी उतर आई थी। हमेशा दूसरों के सामने तीर-कमान बने रहनेवाले पिताजी की लम्बी-लम्बी घनी मूँछें गुस्से में फड़फड़ाने लगी थीं। चीखने लगे, "कौण-सा मास्टर है वो द्रोणाचार्य की औलाद, जो मेरे लड़के से झाड़ू लगवावे है..."

पिताजी की आवाज पूरे स्कूल में गूँज गई थी, जिसे सुनकर हेडमास्टर के साथ सभी मास्टर बाहर आ गए थे। कलीराम हेडमास्टर ने गाली देकर मेरे पिताजी को धमकाया। लेकिन पिताजी पर धमकी का कोई असर नहीं हुआ। उस रोज जिस साहस और हौसले से पिताजी ने हेडमास्टर का सामना किया, मैं उसे कभी भूल नहीं पाया। कई तरह की कमजोरियाँ थीं पिताजी में लेकिन मेरे भविष्य को जो मोड़ उस रोज उन्होंने दिया, उसका प्रभाव मेरी शख्सियत पर पड़ा।

हेडमास्टर ने तेज आवाज में कहा था, "ले जा इसे यहाँ से...चूहड़ा होके पढ़ाने चला है...जा चला जा...नहीं तो हाड़-गोड़ तुड़वा दूँगा।"

पिताजी ने मेरा हाथ पकड़ा और लेकर घर की तरफ चल दिए। जाते-जाते हेडमास्टर को सुनाकर बोले, "मास्टर हो...इसलिए जा रहा हूँ...पर इतना याद रखिए मास्टर...यो चूहड़े का यहीं पढ़ेगा ...इसी मदरसे में। और यो ही नहीं, इसके बाद और भी आवेंगे पढ़ने कू।"

पिताजी को विश्वास था, गाँव के त्यागी मास्टर कलीराम की इस हरकत पर उसे शर्मिन्दा करेंगे। लेकिन हुआ ठीक उलटा। जिसका दरवाजा खटखटाया यही उत्तर मिला, ''क्या करोगे स्कूल भेजके'' या ''कौवा बी कबी हंस बण सके'', ''तुम अनपढ़ गँवार लोग क्या जाणो, विद्या ऐसे हासिल ना होती।'', ''अरे! चूहड़े के जाकत कू झाड़ू लगाने कू कह दिया तो कोण-सा जुल्म हो गया'', ''या फिर झाड़ू ही तो लगवाई है, द्रोणाचार्य की तरियों गुरु-दक्षिणा में अँगूठा तो नहीं माँगा'' आदि-आदि।

पिताजी थक-हार निराश लौट आए, बिना खाए-पिए रात भर बैठे रहे। पता नहीं किस गहन पीड़ा को भोग रहे थे मेरे पिताजी। सुबह होते ही उन्होंने मुझे साथ लिया और प्रधान सगवा सिंह त्यागी की बैठक में पहुँच गए।

पिताजी को देखते ही प्रधान बोले, ''अबे, छोटन...क्या बात है? तड़के ही तड़के आ लिया!''

''चौधरी साहब, तम तो कहो ते सरकार ने चूहड़े-चमारों के जाकतों (बच्चों) के लिए मदरसों के दरवाजे खोल दिए हैं। और यहाँ वो हेडमास्टर मेरे इस जाकत कू पढ़ाने के बजाय क्लास से बाहर लाके दिन भर झाड़ू लगवावे है। जिब यो दिन भर मदरसे में झाड़ू लगावेगा तो इब तम ही बताओ पढ़ेगा कब?'' पिताजी प्रधान के सामने गिड़गिड़ा रहे थे। उनकी आँखों में आँसू थे। मैं पास खड़ा पिताजी को देख रहा था।

प्रधान ने मुझे अपने पास बुलाकर पूछा, ''कोण-सी किलास में पढ़े है?''

''जी चौथी में।''

''म्हारे महेन्द्र की किलास में ही हो?''

''जी।''

प्रधान जी ने पिताजी से कहा, ''फिकर ना कर, कल मदरसे में इसे भेज देणा।''

अगले रोज डरते-डरते मैं स्कूल पहुँचा, डरा-डरा कक्षा में बैठा रहा, हर क्षण लगता था अब आया हेडमास्टर...अब आया। जरा-सी आहट पर दिल घबराने लगता था। उसके बाद स्थिति सामान्य हो गई थी। लेकिन कलीराम

हेडमास्टर को देखते ही मेरी रूह काँप जाती थी। लगता, जैसे सामने से मास्टर नहीं कोई जंगली सूअर थूथनी उठाए चिंचियाता चला आ रहा है। गेहूँ की फसल कटने के वक्त मोहल्ले के सभी लोग तगाओं के खेतों में गेहूँ काटने जाते थे। तपती दोपहरी में गेहूँ काटना बहुत कष्टप्रद और कठिन होता है। सिर पर बरसती धूप। नीचे तपती जमीन, नंगे पाँव में कटे पौधों की जड़ें शूल की तरह तलवों में चुभती थीं। उनसे भी ज्यादा चुभन होती थी सरसों और चने की जड़ों से। चना काटने में एक कठिनाई और थी। चने के पत्तों पर खटाई होती है जो काटते समय पूरे शरीर पर चिपक जाती है। नहाने पर भी कम नहीं होती। कटाई करनेवाले अधिकतर चूहड़े या चमार ही होते थे, जिनके तन पर कपड़े सिर्फ नाम भर के होते थे। पाँव में जूता होने का तो सवाल ही नहीं होता था। नंगे पाँव फसल कटने तक बुरी तरह घायल हो जाते थे।

फसल–कटाई को लेकर अक्सर खेतों में हुज्जत चलती रहती थी। मजदूरी देने में ज्यादातर तगा कंजूसी बरतते थे। काटनेवालों की मजबूरी थी। जो भी मिलता, थोड़ी–बहुत ना–नुकर के बाद लेकर घर लौट आते। घर आकर कुढ़ते रहते या तगाओं को कोसते रहते। लेकिन भूख के सामने विरोध दम तोड़ देता था। हर साल फसल–कटाई को लेकर मोहल्ले में बैठकें होतीं। सोलह पूली पर एक पूली मेहनताना लेने की कसमें खाई जातीं। लेकिन कटाई शुरू होते ही बैठकों के तमाम फैसले–कसमें हवा हो जाते थे। इक्कीस पूली पर एक पूली मजूरी मिलती थी। एक पूली में एक किलो से भी कम गेहूँ निकलता था। भारी से भारी पूली में एक किलो गेहूँ नहीं निकलता था। यानी दिर भर की मजदूरी एक किलो गेहूँ से भी कम। कटाई के बाद बैलगाड़ी या झोटा बुग्गी (भैंसा बुग्गी) में लदाई–उतराई अलग। उसका कोई पैसा या अनाज नहीं मिलता था। देर–सबेर खलिहानों में बैल हाँकने की बेगार सभी को करनी पड़ती थी। उन दिनों गेहूँ सफाई के 'थ्रेशर' नहीं हुआ करते थे। बैलों को गोलाई में घुमा–घुमाकर गेहूँ के पौधों को भूसे की शक्ल में बदला जाता था। फिर भूसे से गेहूँ छाज से हवा में उड़ाकर अलग किए जाते थे। यह एक काफी लम्बा और थका देनेवाला काम था, जिसे अधिकतर चमार या चूहड़े ही करते थे।

मेरी माँ इन सब मेहनत-मजदूरियों के साथ-साथ आठ-दस तगाओं (हिन्दू, मुसलमान) के घर तथा घेर (मर्दों का बैठकखाना तथा मवेशियों को बाँधने की जगह) में साफ-सफाई का काम करती थी। इस काम में मेरी बहन, बड़ी भाभी तथा जसबीर और जनेसर (दो भाई) माँ का हाथ बँटाते थे। बड़ा भाई सुखबीर तगाओं के यहाँ वार्षिक नौकर की तरह काम करता था।

प्रत्येक तगा के घेर में दस से पन्द्रह मवेशी (गाय, भैंस और बैल) सामान्य बात थी। उनका गोबर उठाकर गाँव से बाहर कुरड़ियों पर या उपले बनाने की जगह डालना पड़ता था। प्रत्येक घेर से रोज पाँच-छह टोकरे गोबर निकलता था। सर्दी के महीनों में यह काम बहुत कष्टदायक होता था। गाय, भैंस और बैलों को सर्दी से बचाने के लिए बड़े-बड़े दालानों में बाँधा जाता था, जिनमें गन्ने की सूखी पाती या फूस बिछा होता था। रात भर जानवरों का गोबर और मूत्र पूरे दालान में फैल जाता था। दस-पन्द्रह दिनों में एक बार पाती बदली जाती थी या उसके ऊपर सूखी पाती बिछा दी जाती थी। इतने दिनों में दालानों में भरी दुर्गन्ध से गोबर ढूँढ़-ढूँढ़ के निकालना बहुत तकलीफदेह होता था, दुर्गन्ध से सिर भिन्ना जाता था।

इन सब कामों के बदले मिलता था दो जानवर पीछे फसल के समय पाँच सेर अनाज यानी लगभग ढाई किलो अनाज। दस मवेशी वाले घर से साल भर में 25 सेर (लगभग 12-13 किलो) अनाज, दोपहर को प्रत्येक घर से एक बची-खुची रोटी, जो खासतौर पर चूहड़ों को देने के लिए आटे में भूसी मिलाकर बनाई जाती थी। कभी-कभी जूठन भी भंगन की टोकरी में डाल दी जाती थी।

शादी-ब्याह के मौकों पर, जब मेहमान या बराती खाना खा रहे होते थे तो चूहड़े दरवाजों के बाहर बड़े-बड़े टोकरे लेकर बैठे रहते थे। बरात के खाना खा चुकने पर जूठी पत्तलें उन टोकरों में डाल दी जाती थीं, जिन्हें घर ले जाकर वे जूठन इकट्ठी कर लेते थे। पूरी के बचे-खुचे टुकड़े, एक-आध मिठाई का टुकड़ा या थोड़ी-बहुत सब्जी पत्तल पर पाकर बाछें खिल जाती थीं। जूठन चटखारे लेकर खाई जाती थी। जिस बरात की पत्तलों से जूठन कम उतरती थी, कहा जाता था कि भुक्खड़ (भूखे) लोग आ गए हैं बरात में

जिन्हें कभी खाने को कुछ नहीं मिला। सारा चट कर गए। अक्सर ऐसे मौकों पर बड़े-बूढ़े ऐसी बरातों का जिक्र बहुत ही रोमांचक लहजे में सुनाया करते थे कि उस बरात से इतनी जूठन आई थी कि महीनों तक खाते रहे थे।

पत्तलों से जो पूरियों के टुकड़े एकत्र होते थे उन्हें धूप में सुखा लिया जाता था। चारपाई पर कोई कपड़ा डालकर उन्हें फैला दिया जाता था। अक्सर मुझे पहरे पर बैठाया जाता था। क्योंकि सूखनेवाली पूरियों पर कव्वे, मुर्गियाँ, कुत्ते अक्सर टूट पड़ते थे। जरा-सी आँख बची कि पूरियाँ साफ, इसलिए डंडा लेकर चारपाई के पास बैठना पड़ता था।

ये सूखी पूरियाँ बरसात के कठिन दिनों में बहुत काम आती थीं। इन्हें पानी में भिगोकर उबाल लिया जाता था। उबली हुई पूरियों पर बारीक मिर्च और नमक डालकर खाने में मजा आता था। कभी-कभी गुड़ डालकर लुगदी जैसा बना लिया जाता था, जिसे सभी बहुत चाव से खाते थे।

आज जब मैं इन सब बातों के बारे में सोचता हूँ तो मन के भीतर काँटे उगने लगते हैं, कैसा जीवन था?

दिन-रात मर-खपकर भी हमारे पसीने की कीमत मात्र जूठन, फिर भी किसी को कोई शिकायत नहीं। कोई शर्मिन्दगी नहीं, कोई पश्चात्ताप नहीं।

जब मैं छोटा था, माँ के साथ जाता था। माँ-पिताजी का हाथ बँटाने। तगाओं (त्यागियों) के खाने को देखकर अक्सर सोचा करता था कि हमें ऐसा खाना क्यों नहीं मिलता? आज जब सोचता हूँ तो जी मितलाने लगता है।

अभी पिछले वर्ष मेरे निवास पर सुखदेव सिंह त्यागी का पोता सुरेन्द्र आया था, किसी इंटरव्यू के सिलसिले में। गाँव से मेरा पता लेकर आया था। रात में रुका।

मेरी पत्नी ने उसे यथासम्भव अच्छा खाना खिलाया। खाना खाते-खाते वह बोला, ''भाभी जी, आपके हाथ का खाना तो बहुत जायकेदार है। हमारे घर में तो कोई भी ऐसा खाना नहीं बना सकता है।''

उसकी बात सुनकर मेरी पत्नी तो खुश हुई, लेकिन मैं काफी देर विचलित रहा। बचपन की घटनाएँ स्मृति का दरवाजा खटखटाने लगीं।

सुरेन्द्र तब पैदा भी नहीं हुआ था। उसकी बड़ी बुआ यानी सुखदेव सिंह

त्यागी की लड़की की शादी थी। उनके यहाँ मेरी माँ सफाई करती थी। शादी से दस-बारह दिन पहले से माँ-पिताजी ने सुखदेव सिंह त्यागी के घर-आँगन से लेकर बाहर तक के अनेक काम किए थे। बेटी की शादी का मतलब गाँव भर की इज्जत का सवाल था। कहीं कोई कमी न रह जाए। गाँव भर से चारपाइयाँ ढो-ढोकर जनवासे में इकट्ठी की थीं पिताजी ने।

बरात खाना खा रही थी। माँ टोकरा लिये दरवाजे से बाहर बैठी थी। मैं और मेरी छोटी बहन माया माँ से सिमटे बैठे थे। इस उम्मीद में कि भीतर से जो मिठाई और पकवानों की महक आ रही है, वह हमें भी खाने को मिलेगी।

जब सब लोग खाना खाकर चले गए तो मेरी माँ ने सुखदेव सिंह त्यागी को दालान से बाहर आते देखकर कहा, ''चौधरी जी, ईब तो सब खाणा खा के चले गए...म्हारे जाकतों (बच्चों) कू भी एक पत्तल पर धर के कुछ दे दो। वो बी तो इस दिन का इन्तजार कर रे ते।''

सुखदेव सिंह ने जूठी पत्तलों से भरे टोकरे की तरफ इशारा करके कहा, ''टोकरा भर तो जूठन ले जा रही है...ऊपर से जाकतों के लिए खाणा माँग री है? अपणी औकात में रह चूहड़ी। उठा टोकरा दरवाजे से और चलती बन।''

सुखदेव सिंह त्यागी के वे शब्द मेरे सीने में चाकू की तरह उतर गए थे, जो आज भी अपनी जलन से मुझे झुलसा रहे हैं।

उस रोज मेरी माँ की आँखों में दुर्गा उतर आई थी। माँ का वैसा रूप मैंने पहली बार देखा था। माँ ने टोकरा वहीं बिखेर दिया था। सुखदेव सिंह से कहा था, ''इसे ठाके अपने घर में धर ले। कल तड़के बरातियों को नाश्ते में खिला देणा...''

हम दोनों भाई-बहनों का हाथ पकड़ के तीर की तरह उठकर चल दी थी। सुखदेव सिंह माँ पर हाथ उठाने के लिए झपटा था, लेकिन मेरी माँ ने शेरनी की तरह सामना किया था। बिना डरे।

उसके बाद माँ कभी उनके दरवाजे पर नहीं गई और जूठन का सिलसिला भी उस घटना के साथ बन्द हो गया था।

वही सुखदेव सिंह मेरे निवास पर एक बार आया था। मेरी पत्नी ने गाँव-देहात के बुजुर्ग के नाते उनका आदर-सत्कार किया था। उसने मेरे घर

खाना भी खाया था। लेकिन जब वह चला गया तो मेरे भतीजे संजय खैरवाल, जो बी.एस-सी. का छात्र है, ने बताया कि चाचा जी, उन्होंने सिर्फ आपके घर खाया है, हमारे घर तो पानी भी नहीं पिया था।

मेरे बड़े भाई सुखबीर सूचेत तगा के सालाना नौकर थे। मैं उन दिनों पाँचवीं कक्षा में था। उनकी उम्र लगभग रही होगी 25-26 वर्ष। गहरे साँवले रंग के लम्बे-छरहरे कसरती बदन के थे। एक रोज एक जंगली साँड़ गाँव में घुस आया। कई लोगों को उसने अपने नुकीले सींगों से घायल कर दिया था। तगाओं के घेरों (जहाँ मवेशी बाँधे जाते हैं) में घुसकर बैलों, भैसों और गायों को घायल कर चुका था। लोग छतों पर चढ़कर तमाशा देख रहे थे। किसी तगा में इतना साहस नहीं हुआ था कि जंगली साँड़ को गाँव से बाहर निकाल दे।

सुखबीर उस समय सूचेत के खेत से लौट रहा रहा था। हो-हल्ला सुनकर उसने छत पर चढ़े तगाओं से पूछा तो साँड़ के बारे में सुना। सुखबीर ने उस साँड़ को गाँव से बाहर सिर्फ एक लाठी के भरोसे खदेड़ा था। उसके हौसले और ताकत ने पूरे गाँव में धाक बैठा दी थी। बहुत दिनों तक गाँव भर में चर्चा होती रही थी।

एक दिन काम से लौटे तो बदन बुखार से तप रहा था। हफ्ते भर बिस्तर पर पड़े रहे। उचित दवा-दारू और बिना इलाज के चल बसे। परिवार पर जैसे गाज गिर पड़ी। सब कुछ तितर-बितर हो गया था। इस हादसे से पिताजी बुरी तरह टूट गए थे। माँ का हाल यह था कि थोड़ी-थोड़ी देर बाद मूर्च्छित हो जाती थी। भाभी छोटी उम्र में ही विधवा हो गई थी। घर की हालत जो भाई के कारण सुधर रही थी, अचानक एक खतरनाक मोड़ पर आ गई थी। जब से भाई ने काम करना शुरू किया था, कोई भी छोटा भाई, बहन, भाभी किसी तगा के घर में काम करने नहीं जाता था। पिताजी, चाचा मेहनत-मजदूरी के लिए सड़क बनानेवाले ठेकेदार या और कोई ऐसा ही काम जो भी मिल जाए, करने लगे थे। मुझे अच्छी तरह याद है, भाई के रहते मेरी बड़ी भाभी और छोटी बहन घर से बाहर नहीं निकलीं। मैंने कभी किसी के घर जाकर झाड़ू नहीं लगाई।

हमारी बिरादरी में विधवा-विवाह को प्रारम्भ से ही मान्यता थी। हिन्दू-परम्पराओं की तरह विधवा-विवाह हीन दृष्टि से नहीं देखा जाता था।

रिश्तेदारों, गाँव के बुजुर्गों की मौजूदगी में मेरे दिवंगत भाई सुखबीर के ससुर ने अपनी विधवा बेटी का रिश्ता सुखबीर से छोटे जसबीर से तय कर दिया था, जिसे सामाजिक तौर पर सभी ने स्वीकृति दी थी। उस समय बड़े भाई का एक बड़ा बेटा नरेन्द्र लगभग डेढ़ बरस का था और भाभी गर्भवती थी। देवेन्द्र भाई की मृत्यु के छह-सात माह बाद हुआ था।

इस घटना के बाद परिवार का पूरा बोझ जसबीर के कन्धों पर आ पड़ा था। गाँव में जो मिलता था, उससे गुजारा नहीं था। घर की आर्थिक स्थिति नाजुक थी। एक दिन 'तीरथ राम एंड कम्पनी' के साथ जसबीर आदमपुर चला गया था। उन दिनों आदमपुर (पंजाब) में भारतीय वायुसेना के लिए हवाई अड्डा बन रहा था। कुछ ही दिनों बाद वह कम्पनी बागडोगरा (बंगाल) का हवाई हड्डा बनाने चली गई थी। कई महीनों बाद बागडोगरा से जसबीर का खत आया था।

बंगाल का नाम सुनते ही माँ ने रो-रहाट मचा दी थी। माँ की स्मृति में बंगाल की धारणा उन दिनों प्रचलित धारणाओं और मान्यताओं पर आधारित थी, जिसमें रवीन्द्रनाथ टैगोर, क्रान्तिकारियों का बंगाल नहीं था, काले जादू, टोने-टोटकों का बंगाल था, जहाँ औरतें आदमी को जादू से बकरा बनाकर आँगन में बाँध लेती हैं।

जिस दिन से खत मिला था, माँ दिन-रात रोती रहती थी—"एक बेटा दुनिया से चला गया, दूसरा परदेस," घर पर मनहूसियत छा गई थी। भाभी बीमार रहने लगी थी। घर में रोटी के लाले पड़े हुए थे। जो मिल जाता था खा लेते थे। न कोई हँसता था, न एक-दूसरे से कुछ बोलता था।

भाभी गुमसुम घुटनों में सिर दिए बैठी रहती थी। जैसे हर कोई अपने-अपने खोल में उलझ गया था।

मैं पाँचवीं कक्षा पास कर चुका था। छठी में दाखिला लेना था। गाँव में ही 'त्यागी इंटर कॉलेज, बरला' था, जिसका नाम बदलकर अब 'बरला इंटर कॉलेज, बरला' कर दिया गया है। घर के जो हालात थे उनमें दाखिला लेने का तो सवाल ही नहीं उठता था। जहाँ रोटी ही नसीब न हो, वहाँ पढ़ाई की बात कोई कैसे सोच सकता है!

स्कूल के साथियों को किताबें लिये जाते देखता तो मन भारी हो जाता था। मुझसे बड़े भाई जनेसर थे। हम दोनों सुबह ही घर से निकल जाते थे। खेतों में घूम-घूमकर जंगली घास अपनी भैंस के लिए एकत्र करते थे। मृत्यु से कुछ दिन पहले सुखबीर ने एक भैंस सूचेत तगा से बटाई पर ली थी। बियाने पर कुछ न कुछ आमदनी होने की सम्भावना थी। हम दोनों भाई उसकी सेवा में लगे रहते थे। दोपहर बाद मेरी जिम्मेदारी थी सूअर चराने की। सूअर हमारी जिन्दगी का एक अहम हिस्सा थे। शादी-ब्याह, हारी-बीमारी, जीवन-मृत्यु सभी में सूअर की महत्ता थी। यहाँ तक कि पूजा-अर्चना भी सूअर के बिना अधूरी थी। आँगन में घूमते सूअर गन्दगी के प्रतीक नहीं बल्कि सामाजिक समृद्धि के प्रतीक थे, जो आज भी वैसे ही हैं। हाँ, शिक्षित वर्ग (अभी भी प्रतिशत कम है) ने स्वयं को इन मान्यताओं से अलग कर लिया है। यह किसी सुधारवादी दृष्टिकोण के तहत नहीं बल्कि हीन भावना के कारण है। यह हीन भावना पढ़े-लिखे लोगों में कुछ ज्यादा ही है, जो सामाजिक दबावों के कारण है।

एक दिन मैं सूअर चराकर वापस घर लौट रहा था। रास्ते में सुक्खन सिंह मिल गया। उसने रोककर पूछा, ''क्यों मदरसे जाणा छोड़ दिया, आग्गे नी पढ़ेगा?'' मैंने इनकार में सिर हिलाया। वह बहुत दूर तक स्कूल के नए परिवेश की बात करता रहा कि जहाँ पहले प्राइमरी स्कूल में चटाई पर बैठते थे, वहाँ कुर्सी और डेस्क थे। मास्टर पिटाई भी कम करते थे। हर एक विषय का अलग मास्टर था।

मैं जब घर लौटा तो मन उदास था। भीतर ही भीतर कुछ पिघल रहा था। स्कूल न जा पाने की विवशता ने निराश कर दिया था। बार-बार इंटर कॉलेज की भव्य इमारत आँखों के सामने घूम रही थी।

घर पहुँचते ही मैंने माँ से कहा, ''माँ, मैन्ने स्कूल जाणा है,'' मेरी आँखों में आँसू आ गए थे। मेरी डबडबाई आँखें देखकर माँ को भी रोना आ गया था। माँ जब रोती थी तो एक सुर में शिकवे-शिकायत बाहर आने लगते थे, जिसे सुनकर आस-पड़ोस की औरतें माँ के इर्द-गिर्द इकट्ठा हो जाती थीं। वे जितना माँ को समझाने का यत्न करतीं, माँ उतने ही जोर से रोती थी।

भाभी अलग बैठी सुबक रही थी। वैसे भी भाई की मौत ने उसे अलग-थलग-सा कर दिया था। भाभी के पास गहनों के नाम पर चाँदी की एक पाजेब थी, जिसे वह हमेशा अपने शादी के कपड़ों में सहेजकर रखती थी।

माँ का रोना-धोना जारी था। भाभी ने अपना टिन का बक्सा खोला और वह पाजेब लाकर माँ के हाथ में रख दी।

"इसे बेच के लाल्ला जी का दाखिला करा दो।"

आस-पड़ोस की औरतें मेरी भाभी के इस स्नेह को देखकर अभिभूत हो गई थीं। मैं खुद भाभी से लिपटकर रोया था। उस वक्त मुझे अपने बड़े भाई सुखबीर की बहुत याद आई थी। वह दिन आज भी मेरे भीतर हौसला जगाता है।

पिताजी ने भाभी को बहुत मना किया, "ना बहू...इसे ना बेच...मैं कुछ न कुछ करके इसे स्कूल भेजूँगा। तू फिकर ना कर...एक यही तो चीज है तेरे पास...उसे भी बेच दें...रख ले इसे।"

भाभी नहीं मानी और जिद करके माँ के हाथ में वह पाजेब दे दी।

वैद्य सत्यनारायण शर्मा पुरोहितगिरी के साथ-साथ चाँदी-सोने के जेवर गिरवी रखने, खरीदने और सूद पर रुपया चलाने का धन्धा करते थे। माँ ने पाजेब उनके पास गिरवी रख दी थी, इस तरह छठी कक्षा में मेरा दाखिला हुआ था।

राम सिंह, सुक्खन सिंह दूसरे सेक्शन में थे। मेरा रोल नम्बर सबसे आखिरी था। इसलिए मैं सबसे पीछे बैठता था। मेरे पासवाली सीट श्रवण कुमार शर्मा की थी। वैसे तो पहली कक्षा से हम लोग साथ थे। लेकिन पास-पास बैठने से घनिष्ठता बढ़ गई थी। श्रवण कुमार सुन्दर और बेहद आकर्षक था। लड़कियों जैसा नाजुक। हम दोनों के बीच जाति कभी नहीं आई। यह एक अलग अनुभव था। मेरे साथियों में राम सिंह और सुक्खन सिंह भी थे लेकिन सुक्खन सिंह मेरे घर कभी नहीं आया। अक्सर मैं उसके घर जाता था। साथ पढ़ते थे, बैठते थे। बाद में हमारे सम्बन्ध पारिवारिक स्तर पर भी बने। आज उनका बड़ा बेटा रजनीश मुझे और मेरी पत्नी को बहुत आदर देता है।

शायद सुक्खन सिंह में हिचकिचाहट थी, जो श्रवण कुमार में नहीं थी।

उन दिनों श्रवण कुमार और मेरे बीच एक तीसरा मित्र और जुड़ गया—नाम था चन्द्रपाल वर्मा, जो मांडला गाँव का रहनेवाला था। जाति से गूजर। वह हमेशा श्रवण कुमार को तंग किया करता था। कभी उसके गाल नोच लेता था, कभी उसे धक्का मार देता। कभी किताबें छिपा देता। यह लगभग हर रोज होता था।

एक दिन कक्षा से बाहर निकलते हुए उसने श्रवण कुमार को कसकर पकड़ा और उसके गाल पर काट लिया। पूरी कक्षा ने यह तमाशा देखा, कोई कुछ न बोला; बल्कि सब लोग जोर-जोर से हँस रहे थे। श्रवण कुमार रोने लगा था। चन्द्रपाल सिंह वर्मा भी हँस रहा था। उस क्षण पता नहीं क्या हुआ, अपने से कद-काठी में दुगुने चन्द्रपाल की गर्दन मैंने अपनी बाजू में दबा ली और उसे नीचे गिरा लिया। चन्द्रपाल गर्दन छुड़ाने के लिए कसमसाता रहा लेकिन मेरी गिरफ्त से नहीं छूटा। उस रोज चन्द्रपाल मुझ पर नाराज नहीं हुआ। सिर्फ हँसता रहा। श्रवण कुमार से भी उसने माफी माँगी थी।

इस घटना के बाद हम तीनों अच्छे मित्र बन गए थे। यह दोस्ती ऐसी थी कि एक-दूसरे के बगैर अधूरापन लगता था। छुट्टी होने पर मैं और श्रवण कुमार सड़क के रास्ते घर नहीं लौटते थे। खेतों, पगडंडियों से घूमकर घर पहुँचते थे। यह एक नियम बन गया था।

चन्द्रपाल से दोस्ती का असर तत्काल दिखाई दिया था। त्यागी लड़कों की छींटाकशी, दुत्कार से छुटकारा मिल गया था। अब पानी पीने के लिए नल पर खड़े रहकर इन्तजार नहीं करना पड़ता था। चन्द्रपाल के सामने सबकी घिग्घी बँध जाती थी। वह जिसे चाहे धपिया लेता था। वैसे भी त्यागी लड़के गूजर लड़कों से डरते थे।

अर्धवार्षिक परीक्षा में मैं अपने सेक्शन में प्रथम आया था। इस परिणाम ने मेरे भीतर आत्मविश्वास जगा दिया था। परीक्षा के बाद मुझे कक्षा का मॉनीटर बना दिया था तथा पीछे से आगे बैठने लगा था। लेकिन कुछ अध्यापकों का व्यवहार अभी भी ठीक नहीं था। उनके रवैए में प्रताड़ना थी, उपेक्षा भाव था।

मुझे सांस्कृतिक कार्यक्रमों, क्रियाकलापों से दूर रखा जाता था। ऐसे

वक्त मैं सिर्फ किनारे खड़ा होकर दर्शक बना रहता था। स्कूल के वार्षिक उत्सव में जब नाटक आदि का पूर्वाभ्यास होता था, मेरी भी इच्छा होती थी कोई भूमिका मुझे भी मिले। लेकिन हमेशा दरवाजे के बाहर खड़ा रहना पड़ता था। दरवाजे के बाहर खड़े रहने की इस पीड़ा को तथाकथित देवताओं के वंशज नहीं समझ सकते।

तमाम शिक्षक त्यागी थे। छात्रों में भी संख्या त्यागियों की ही अधिक थी। उनके खिलाफ बोलने की स्थिति में कोई नहीं था।

परीक्षा के दिनों में प्यास लगने पर गिलास से पानी नहीं पी सकते थे। हथेलियों को जोड़कर ओक से पानी पीना पड़ता था। पिलानेवाला चपरासी भी बहुत ऊपर से पानी डालता था। कहीं गिलास हाथ से न छू जाए।

स्कूल में एक पुस्तकालय था, जिसमें पुस्तकें धूल खा रही थीं। इसी पुस्तकालय में पुस्तकों से परिचय हुआ था पहली बार। आठवीं कक्षा में पहुँचते-पहुँचते शरतचन्द्र, प्रेमचन्द, रवीन्द्रनाथ टैगोर को पढ़ डाला था। शरतचन्द्र के पात्रों ने मेरे बाल-मन को बहुत गहरे तक छुआ था। पढ़ने का एक सिलसिला आरम्भ हो गया था। उन दिनों मैं कुछ-कुछ अन्तर्मुखी हो रहा था।

डिबिया (ढिबरी) की मन्द रोशनी में, माँ को उपन्यास, कहानियाँ पढ़कर सुनाने लगा था। न जाने कितनी बार शरतचन्द्र के पात्रों ने माँ-बेटे को एक साथ रुलाया था। बस, यहीं से शुरू हो गए साहित्य के संस्कार। अनपढ़ अछूत परिवार में जन्मे इस बेटे ने अपनी अनपढ़ माँ को 'आल्हा', 'रामायण', 'महाभारत' से लेकर 'सूर सागर', 'प्रेम सागर', 'सुख सागर', 'प्रेमचन्द की कहानियाँ', 'तोता-मैना के किस्से'...जो भी मिला, सुना दिया।

अप्रैल 1993 में राजेन्द्र यादव जी (सम्पादक, हंस) का निमंत्रण मिला था। उन्होंने दिल्ली की मजदूर बस्तियों में 'कथा-कथन' के कार्यक्रम रखे थे, मुझे भी कहानी सुनाने का अवसर मिला। पहला कार्यक्रम 'वाल्मीकि मन्दिर', मन्दिर मार्ग में था। कहानी सुनाने पर एक अजीब-सी अनुभूति हुई थी। उसी रोज माँ की स्मृतियाँ ताजा हो गई थीं अचानक। साहित्य और पाठक के बीच जो फासला है, उसे पाटने का इससे बेहतर तरीका और क्या हो सकता है! अनपढ़ जनमानस साहित्य पढ़ नहीं सकता। जो पढ़ सकता है, वह खरीदकर

पढ़ने की स्थिति में नहीं है। 'कथा-कथन' के माध्यम से साहित्य और साहित्यकार पाठकों के बीच जाकर एक सार्थक संवाद बनता है।

जैसे-जैसे मेरी पढ़ाई आगे बढ़ रही थी, आस-पड़ोस के उन हमउम्र साथियों का साथ छूटने लगा था, जो स्कूल नहीं जाते थे। भंगी-बस्ती से सतपाल और हिरम सिंह स्कूल जाने लगे थे। यानी तीस परिवार से केवल तीन लड़के स्कूल जाते थे।

छठी कक्षा के बाद राम सिंह, सुक्खन सिंह और मैं फिर एक सेक्शन में आ गए थे। राम सिंह सबसे तेज था पढ़ने में। मैं और राम सिंह स्काउट दल में शामिल हो गए थे। जिला स्तरीय प्रतियोगिता के लिए स्काउट दल को शहर जाना था। स्कूल से खाकी हाफ पैंट और कमीज मिली थी। स्काउट मास्टर रमेशचन्द्र ने वर्दी धोकर इस्तरी करने के लिए कहा था। उस समय तक मैंने कभी इस्तरी किया हुआ कपड़ा नहीं पहना था। त्यागी लड़कों के कलफ लगे, ताजा धुले कपड़ों को देखकर मैं हमेशा सोचता था कि मैं भी ऐसे ही कपड़े पहनकर स्कूल जाऊँ। कभी-कभी तो त्यागियों के घर से मिली उतरन पहननी पड़ती थी। उन कपड़ों को देखकर लड़के चिढ़ाते थे। लेकिन यह उतरन भी हमारी बेबसी को ढक नहीं पाती थी।

खाकी वर्दी को मैंने खूब रगड़-रगड़कर धोया था। समस्या थी इस्तरी करने की। मेरी कक्षा में एक धोबी का लड़का था। मैंने उससे कहा। उसने शाम को घर आने के लिए कहा। शाम को वर्दी लेकर मैं उसके घर गया। मुझे देखते ही उसका बाप चिल्लाया, "अबे चूहड़े के, किंधे घुसा आ रहा है?" उसका बेटा उसके पास खड़ा था। मैंने कहा, "वर्दी पर इस्तरी करानी है।"

"हम चूहड़े-चमारों के कपड़े नहीं धोते, न ही इस्तरी करते हैं। जो तेरे कपड़े पे इस्तरी कर देंगे तो तगा हमसे कपड़े न धुलवाएँगे, म्हारी तो रोजी-रोट्टी चली जा गी..." उसने साफ-साफ जवाब दे दिया था। उसके इस उत्तर ने मुझे हताश कर दिया था। बिना कुछ कहे, मैं उलटे पाँव लौट आया था। मन भारी हो गया था। ईश्वर से भरोसा उठ गया था। गरीबी और अभाव से किसी तरह निबटा जा सकता है, जाति से पार पाना उतना ही कठिन है।

एक मास्टर थे योगेन्द्र त्यागी। कुतुबपुर के रहनेवाले थे। आदमी तो

भले थे, इतिहास और अंग्रेजी पढ़ाते थे। बोलते अच्छा थे। पढ़ाते भी ठीक थे। इतिहास पढ़ाते समय तारीख जिस तरह बताते थे, मैं हैरान रह जाता था। लगता था कि मास्टर साहब को इतिहास का बहुत ज्ञान है। इतिहास के प्रति मेरे मन में जिज्ञासा उन्होंने ही जगाई थी, जो आज भी बरकरार है।

पिताजी को वे पहचानते थे। जब भी मिलते, कहते, "छोटन, अपने लड़के को पढ़ने से मत रोकना।"

इतना सब होने के साथ-साथ वे कक्षा में मुझे अजीब साँसत में डाल देते थे। कोई गलती हो जाने पर पीटने के बजाय मेरी कमीज पकड़कर ऐसे खींचते थे कि कमीज अब फटी...मेरा पूरा ध्यान अपनी कमीज पर रहता था। अपनी ओर खींचते हुए पूछते, "सूअर की कितनी सांटे (सूअर की गोश्त की बोटी) खाई हैं? एक पाव तो खा ही लेते होगे?"

जब भी मास्टर साहब ऐसी बातें कहते, मुझे रोना आ जाता था। आँखें छलक जाती थीं। मास्टर साहब की बातें सुनकर पूरी कक्षा हँसने लगती थी। लड़के इसी बात को लेकर तंग करते थे, "अबे चूहड़े के, सूअर खाता है!" ऐसे क्षणों में मुझे वे तमाम त्यागी याद आने लगते थे जो रात के अँधेरे में छुप-छुपकर सूअर का गोश्त खाने भंगी-मोहल्ले में आते थे। मेरा मन करता, उन सबके नाम बता दूँ। जो लोग छुप-छुपकर गोश्त खाने आते थे, वे भी दिन में सबके सामने छुआछूत बरतते थे।

ऐसा ही एक नाम था तेजा तगा। कई लोग उससे कर्ज लेते थे। कर्जा देने से पहले वह सूअर का गोश्त और शराब माँगता था। भंगियों के घर का बना तेज मिर्चवाला खाना उसे पसन्द था। एक बार मेरे पिताजी ने भी उससे कर्ज लिया था। उस रोज पिताजी ने उसे कच्ची शराब पिलाई थी। सूअर का गोश्त भी खिलाया था। सूअर की सांटे झिंझोड़ते हुए उसका चेहरा झबरे कुत्ते जैसा दिखता था। नशे में सुर्ख आँखों से शैतानियत झाँकती थी।

उसके ब्याज की दर इतनी ज्यादा थी कि ब्याज देते-देते जिन्दगी बीत जाएगी, मूल ज्यों का त्यों बना रहेगा। भंगी-मोहल्ले के ज्यादातर लोग कर्ज में डूबे हुए थे। इसी कारण वे किसी भी ज्यादती का विरोध नहीं कर पाते थे। तमाम लोग खामोशी से सब-कुछ सह जाते थे। मान-सम्मान का कोई अर्थ

ही नहीं था। कोई भी आता, डरा-धमकाकर चला जाता था। यह सब रोज का किस्सा था।

जसबीर बागडोगरा से अचानक खाली हाथ लौट आया था। रुपए-पैसे तो दूर, तन पर ढंग का कपड़ा भी नहीं था। तीर्थराम एंड कम्पनी में इतने वर्षों काम करके भी उसके खाली हाथ थे। थक-हारकर वह गाँव में मेहनत-मजदूरी करने लगा था। घर की हालत दिन-प्रतिदिन बिगड़ रही थी।

इसी बीच जनेसर की शादी भी हो गई थी। शादी में तेजा तगा से फिर रुपए उधार लेने पड़े थे।

जसबीर को मामा ने देहरादून बुला लिया था। वे नगरपालिका देहरादून में सफाई कर्मचारी थे। आठ-दस ठिकाने भी थे, जहाँ साफ-सफाई का काम करते थे। एक ही बेटा था सुरजन। शुरू-शुरू में जसबीर मामा का काम करता था। बाद में सर्वे ऑफ इंडिया में उसे पक्की नौकरी मिल गई थी। तनख्वाह तो ज्यादा नहीं थी फिर भी कुछ स्थिरता बन ही गई थी। एक बँधी-बँधाई आमदनी व्यक्ति को हौसला देती है। उसमें आत्मविश्वास पनपने लगता है।

बरसात के दिन नरक से कम नहीं थे। गलियों में कीचड़ भर जाता था, जिससे आना-जाना कठिन हो जाता था। कीचड़ में सूअरों की गन्दगी भरी रहती थी, जो बारिश रुकने के बाद गंधियाने लगती थी। मक्खी-मच्छर तो ऐसे पनपते थे जैसे टिड्डी दल।

घर से बाहर निकलना दूभर हो जाता था। हाथ-पैर गन्दगी से भर जाते थे। पाँव में खारवे हो जाते थे। पैर की उँगलियों के बीच की जगह लाल-लाल चकत्ते उभर जाते थे। उन खारवों में एक बार खुजली शुरू होती, तो फिर रुकने का नाम ही नहीं लेती थी।

महीनों रास्तों में कीचड़ और पानी भरा रहता था। पानी से निकलकर ही स्कूल जाना पड़ता था। हमारी बस्ती के इर्द-गिर्द जोहड़ ज्यादा थे। उनका पानी गलियों में भर जाता था।

बस्ती में एक कुआँ था। चन्दा इकट्ठा करके कुएँ को पक्का बना लिया गया था। कुएँ की जगत और मुंडेर काफी ऊँची थी। फिर भी बरसात

के दिनों में कुएँ के पानी में लम्बे-लम्बे कीड़े हो जाते थे। उस पानी को पीना मजबूरी थी। तगाओं के कुएँ से पानी लेने का हमें अधिकार नहीं था।

1962 के साल में खूब बारिश हुई थी। बस्ती में सभी के घर कच्ची मिट्टी से बने थे। कई दिन की लगातार बारिश ने मिट्टी के घरों पर कहर बरपा दिया था। हमारा घर जगह-जगह से टपकने लगा था। जहाँ टपकता वहीं एक खाली बर्तन रख देते थे। बर्तन में टन-टन की आवाज आने लगती थी। ऐसी रातें जाग-जागकर काटनी पड़ती थीं। हर वक्त एक डर बना रहता था—कब कोई दीवार धसक जाए।

कभी-कभी अचानक ही छत में कोई बड़ा सूराख हो जाता था, जिसे बन्द करना कठिन काम होता था। कच्ची मिट्टी के मकानों की गीली छत और दीवार पर चढ़ना किसी खतरे से कम नहीं होता था।

ऐसी ही एक मूसलाधार बारिश की रात में हमारे घर की छत में एक सूराख हो गया था। छत पर चढ़ने का काम मुझे सौंपा गया था, क्योंकि परिवार में सबसे कम वजन मेरा ही था। तेज बारिश, अँधेरी रात में कुछ सूझ नहीं रहा था। पिताजी के कन्धे पर पाँव रखकर मैं छत पर चढ़ गया था। पिताजी नीचे खड़े मेरा मार्गदर्शन कर रहे थे, ''सँभल के मुंशी जी, पैरा जमा के...छत पर मत जाणा...दीवाल की तरफ ही रहणा।''

मेरे एक हाथ में बड़ा-सा मिट्टी का ढेला था। दूसरे हाथ से सूराख को ढूँढ़ रहा था अँधेरे में। पिताजी लगातार बोल रहे थे, ''मुंशी जी, मिला गड्ढा...'' आखिर सूराख ढूँढ़ने में मैं सफल हो गया था। ढेला रखकर उसे बन्द कर दिया था।

सूराख बन्द करके वापस लौटना मुश्किल हो गया था। तेज बारिश में आँखें खुल नहीं पा रही थीं। पिताजी की आवाज का अन्दाज करके मैं धीरे-धीरे वापस आ रहा था कि अचानक पाँव फिसल गया। क्षण भर को लगा कि मैं हवा में हूँ लेकिन उस अँधेरे में भी पिताजी की अनुभवी आँखों ने मुझे देख लिया था, और मैं उनकी मजबूत पकड़ में आकर सँभल गया था।

मेरी चीख सुनकर माँ भी बाहर आ गई थी। लेकिन मुझे सुरक्षित देखकर आश्वस्त हो गई थी। मैं ठंड से काँप रहा था। मुझे कपड़े से पोंछकर माँ ने

चूल्हे के पास बैठा दिया था।

उस रात हमारी बैठक का एक हिस्सा गिर गया था। माँ और पिताजी एक पल के लिए भी नहीं सोए थे। बस्ती में कई मकान गिर गए थे। लोगों के चीखने-चिल्लाने की आवाजें आ रही थीं। पिताजी ने बाहर निकलकर ऊँची आवाज में पूछा था, "मामू...सब ठीक तो है।" उधर से मामू की आवाज भी उतने ही जोर से आई थी, "ठीक है...पिछवाड़े की कोठरी गिर गई है।"

सुबह होते ही बस्ती में भगदड़ मच गई थी। हर कोई सुरक्षित जगह की खोज में निकल पड़ा था। बारिश अभी भी जारी थी। बचे-खुचे मकान किसी भी समय गिर सकते थे।

पिताजी सुबह होते ही तगाओं की तरफ चले गए थे। वे जल्दी ही वापस लौट आए थे। आते ही बोले, "जल्दी करो...मामराज की बैठक खुलवा दी है।" मैंने जल्दी-जल्दी जरूरी चीजें समेट ली थीं। और हम लोग घर का सामान सिर पर रखे बारिश में भीगते हुए मामराज तगा की बैठक में आ गए थे। मामराज की बैठक बरसों से बन्द पड़ी थी। उसका कोई इस्तेमाल नहीं होता था। दीवारों का प्लास्टर तक उखड़ गया था। फिर भी वह पनाह सुरक्षित थी।

मामराज तगा की बैठक में हमने अभी सामान रखा भी नहीं था कि हमारे पीछे-पीछे तीस-चालीस जन और आ गए थे। बाकी लोग कहीं दूसरी जगह चले गए थे। देखते-ही-देखते बैठक भर गई थी। चारों तरफ सामान-ही-सामान पड़ा था। खाने-पकाने के बर्तनों के साथ जरूरत भर की चीजें थीं। बाकी सब वहीं छोड़-छाड़कर आ गए थे।

इतने लोग एक ही बैठक में समा गए थे। सबसे बड़ी समस्या थी, चूल्हा जलाने की। ईंधन किसी के पास नहीं था। जो था वह बारिश में भीग गया था।

तगाओं के घरों से उपले माँग-माँगकर चूल्हे जलाए गए थे। बैठक में एक साथ आठ-दस चूल्हे बन गए थे। चूल्हे क्या, बस, तीन ईंटों को जोड़कर चूल्हा बन गया था। किसी-किसी को ईंट भी नहीं मिली थी तो ढूँढ़-ढाँढ़कर पत्थर ही जुटा लिये थे। चूल्हों में उठते हुए धुएँ ने बैठक का नक्शा ही बदल

दिया था। उस धुएँ में साँस लेना भी मुश्किल था। मर्दों की मंडली बैठक के बरामदे में जमी हुक्के गुड़गुड़ा रही थी। औरतें चूल्हों से जूझ रही थीं। बच्चों की चीख-पुकार ऐसी थी कि कुछ सुनाई ही नहीं पड़ रहा था।

साँझ होते ही बैठक में अँधेरा गहरा गया था। दीया किसी के पास नहीं था। न ही कहीं कोई ढबरी या लालटेन थी। चूल्हों में जलती उपलों की आग अँधेरे से लड़ने का असफल प्रयास कर रही थी। ऐसे वातावरण में आपसी रंजिश भूलकर बस्ती के लोग एक छत के नीचे आ गए थे। जिसके पास जो था उसे बाँटकर खाना चाहते थे।

उस रात माँ ने चने उबाले थे नमक डालकर। यही था रात का हमारा खाना। उस रात उन चनों में जो स्वाद था, जो सन्तुष्टि थी, वैसी सन्तुष्टि मुझे पाँच सितारा होटलों के खाने में भी नहीं मिली।

उस रात किसी चूल्हे पर कोई सब्जी या दाल नहीं पकी थी। रोटी, प्याज और नमक इससे आगे किसी के पास कुछ भी नहीं था।

अगले दिन सुबह से लेकर दोपहर तक कोई चूल्हा नहीं जला था। बरसात ने फाकों की नौबत पैदा कर दी थी। जीवन जैसे पंगु हो गया था। लोग गाँव भर में घूम रहे थे, कहीं से कुछ चावल-गेहूँ मिल जाए तो चूल्हा जले। ऐसे दिनों में उधार भी नहीं मिलता। दर-दर भटककर कई लोग खाली हाथ आ गए थे। पिताजी भी खाली हाथ ही आ गए थे। उनके चेहरे पर बेबसी थी। सगवा प्रधान ने अनाज देने की शर्त भी रख दी थी। अपने किसी लड़के को सालाना नौकर रख दो, बदले में जितना अनाज चाहो ले जाओ।

पिताजी चुपचाप वापस आ गए थे। लेकिन माँ को मामराज तगा के घर से कुछ सेर चावल मिल गए थे जिनसे थोड़ी राहत महसूस की थी हम सभी ने। कई रोज बाद भरपेट खाने का सिला बना था। माँ ने चावल उबालने के लिए चूल्हे पर एक बड़ा-सा बर्तन चढ़ा दिया था। उसमें चावल तो कम थे, लेकिन पानी ऊपर तक भर दिया था। चावल उबलने की महक पूरी बैठक में भर गई थी। छोटे-छोटे बच्चे ललचाई नजरों से चूल्हे की ओर देख रहे थे।

चावल उबल जाने पर पानी अलग कर लिया था। उस पानी के दो हिस्से कर लिये थे माँ ने। एक हिस्से को छौंककर दाल की तरह बना लिया

था और दूसरे हिस्से में से सभी बच्चों को एक-एक कटोरी चावल का पानी पीने के लिए दे दिया था। इस उबले चावल के पानी को माँड़ कहते थे। यह माँड़ हम सबके लिए किसी दूध से कम नहीं था। जब भी चावल बनते थे, सभी खुश हो जाते थे, गरम-गरम माँड़ पीकर शरीर में स्फूर्ति आ जाती थी।

बस्ती के पास जुलाहों के घर थे। शादी-विवाह के मौकों पर जब उनकों घरों में दाल-चावल बनते थे, तो हमारी बस्ती के बच्चे बर्तन लेकर माँड़ लेने दौड़ पड़ते थे। फेंक दिया जानेवाला माँड़ हमारे लिए गाय के दूध से ज्यादा मूल्यवान था।

कई बार जुलाहे डाँट-फटकारकर भगाने की कोशिश भी करते थे। लेकिन बच्चे बेशर्म होकर खड़े ही रहते थे। माँड़ पीने का लालच उन्हें डाँट-फटकार से ज्यादा प्रिय था।

माँड़ में नमक मिलाकर पीने से अच्छा लगता था। यदि कभी-कभार गुड़ मिल जाता था तो माँड़ का स्वाद लजीज हो जाता था। माँड पीने की यह आदत किसी शौक या फैशन की देन नहीं थी, अभावों और फाकों से बचने की मजबूरी थी। फेंक देनेवाली चीज हमारी भूख मिटानेवाली थी।

एक बार स्कूल में मास्टर साहब द्रोणाचार्य का पाठ पढ़ा रहे थे। मास्टर साहब ने लगभग रुआँसा होकर बताया था कि द्रोणाचार्य ने भूख से तड़पते अश्वत्थामा को आटा पानी में घोलकर पिलाया था, दूध की जगह। द्रोण की गरीबी का दारुण नक्शा सुनकर पूरी कक्षा हाय-हाय कर उठी थी। यह प्रसंग द्रोण की गरीबी को दर्शाने के लिए महाभारतकार व्यास ने रचा था।

मैंने खड़ा होकर मास्टर साहब से एक सवाल पूछ लेने की धृष्टता की थी। अश्वत्थामा को तो दूध की जगह आटे का घोल पिलाया गया और हमें चावल का माँड़। फिर किसी भी महाकाव्य में हमारा जिक्र क्यों नहीं आया? किसी महाकवि ने हमारे जीवन पर एक भी शब्द क्यों नहीं लिखा?

समूची कक्षा मेरा मुँह देखने लगी थी। जैसे मैंने कोई निरर्थक प्रश्न उठा दिया हो! मास्टर साहब चीख उठे थे, ''घोर कलियुग आ गया है...जो एक अछूत जबान जोरी कर रहा है।''

उस मास्टर ने मुझे मुर्गा बना दिया था। पढ़ाना छोड़कर बार-बार मेरे चूहड़े होने का उल्लेख कर रहा था। उसने शीशम की एक लम्बी-सी छड़ी किसी लड़के को लाने का आदेश दिया था।

"चूहड़े के, तू द्रोणाचार्य से अपनी बराबरी करे है...ले तेरे ऊपर मैं महाकाव्य लिखूँगा..." उसने मेरी पीठ पर सटाक-सटाक छड़ी से महाकाव्य रच दिया था। वह महाकाव्य आज भी मेरी पीठ पर अंकित है। भूख और असहाय जीवन के घृणित क्षणों में सामन्ती सोच का यह महाकाव्य मेरी पीठ पर ही नहीं, मेरे मस्तिष्क के रेशे-रेशे पर अंकित है।

अश्वत्थामा के प्रतिशोध की ज्वाला मैंने अनेक बार अपने भीतर महसूस की है, जो मेरी बेचैनी को बढ़ा देती है।

बरसो-बरस चावल के माँड़ से बनी सब्जी खाकर अपने जीवन के अँधेरे तहखानों से बाहर आने का संघर्ष किया है। माँड़ पी-पीकर हमारे पेट फूल जाते थे। भूख मर जाती थी। यही गाय का दूध था हमारे लिए, यही था स्वादिष्ट भोजन भी। यही था दारुण जीवन जिसकी दग्धता में झुलसकर जिस्म का रंग बदल गया है।

साहित्य में नरक की सिर्फ कल्पना है। हमारे लिए बरसात के दिन किसी नारकीय जीवन से कम न थे। हमने इसे साकार रूप में जीते-जी भोगा है। ग्राम्य जीवन की यह दारुण व्यथा हिन्दी के महाकवियों को छू भी नहीं सकी। कितनी बीभत्स सच्चाई है यह!

उस वर्ष बस्ती के ज्यादातर मकान गिर गए थे, जिन्हें खड़ा करने में महीनों लग गए थे। कोई अनुदान, कोई सहायता कभी उस बस्ती तक नहीं आई। बस, अपने हाथों की शक्ति पर भरोसा था सभी को। टूटे-फूटे घर फिर से खड़े हो गए।

हर वर्ष यह कहानी दोहरा ली जाती थी। बरसात के थपेड़े रहे-सहे मकानों को भी जर्जर कर देते थे।

मेरे परदादा का नाम जाहरिया था। उनके दो पुत्र थे। बड़े का नाम था बुद्ध जिसे सब बुद्धू कहते थे, छोटे का नाम था—कुन्दन। बुद्ध के भी दो ही बेटे थे, बड़े सुगनचन्द और छोटे का नाम था छोटन लाल यानी मेरे पिता।

सुगन के सिर्फ एक बेटी थी, जो रुड़की के पास पनियाले ब्याही थी। उनका पति घरजँवाई बनकर रहता था।

छोटन लाल के पाँच लड़के, दो लड़कियाँ थीं। सबसे छोटी लड़की सोमती दो-तीन साल की थी तभी गुजर गई थी। सुखबीर सबसे बड़े पुत्र थे, उसके बाद जगदीश (जो अठारह वर्ष की आयु में ही गुजर गए थे), उससे छोटे जसबीर फिर जनेसर और उनसे छोटा ओमप्रकाश यानी मैं, भाइयों में सबसे छोटा। मुझसे छोटी माया।

...कुन्दन के तीन पुत्र हुए थे—मोल्हड़, सोल्हड़ और श्यामलाल। दो बेटियाँ थीं। सबसे बड़ी का नाम था छोटी और सबसे छोटी श्यामो।

पिताजी और ताऊजी अलग-अलग रहते थे। एक बार पिताजी ने एक पुराने बक्से से निकालकर कोर्ट का कागज दिखाया था, जिसमें लिखा था कि नीम के पेड़वाला मकान सुगनचन्द वल्द बुद्ध ने छोटन लाल वल्द बुद्ध को बेचा। नीचे गवाहों के दस्तखत थे तथा सरकारी मोहर लगी थी। यानी जिस मकान में हम रहते थे, वह पिताजी ने सुगन ताऊ से खरीदा था। फिर पिताजी के हिस्से का मकान कहाँ गया? यह सवाल बार-बार मेरे मन में उठता था। लेकिन पिताजी से पूछने की हिम्मत नहीं होती थी। माँ से पूछने पर पता चला कि जिस घर में ताई रहती है, वह पिताजी के हिस्से में आया था। लेकिन उस पर ताई ने कब्जा कर लिया था। माँ और ताई में इसी बात को लेकर हमेशा रंजिश रही।

पिताजी और ताऊजी की शक्लें परस्पर मिलती थीं। एक-सा कद, काठी, रंग, मूँछें, यहाँ तक कि चलना भी एक ही जैसा था। दोनों परिवारों की अनबन के बावजूद पिताजी और ताऊजी को कभी हमने लड़ते नहीं देखा।

माया की शादी में दोनों परिवार एक बार फिर मिल गए। इस मिलाप में मैंने काफी जद्दोजहद की थी। दोनों परिवारों का यह मेल सुखद था।

छोटी बुआजी चुड़ियाले गाँव में ब्याही थीं। जब भी आती थीं, घर भरा-भरा दिखता था। वे सबकी चहेती थीं। पिताजी अपनी चचेरी बहनों पर जान छिड़कते थे। फूफाजी और पिताजी में बेहद घनिष्ठ रिश्ता था।

पिताजी ने अपने चचेरे भाई-बहनों को कभी अलग नहीं समझा। छोटी

बुआजी की शादी का खर्च पिताजी ने ही किया था। बाद में श्यामो बुआजी के गौने का खर्च भी पिताजी ने ही किया था।

पिताजी के चचेरे भाई मोल्हड़ का देहान्त भी आकस्मिक ही हुआ था। उस समय उनकी उम्र रही होगी 20-22 वर्ष। शादी हो चुकी थी। पूरे परिवार में वे ही थे जो थोड़ा-बहुत अक्षर ज्ञान-रखते थे। उनकी कुछ किताबें कपड़े में लिपटी बैठक के आले में पड़ी हुई थीं। आला काफी ऊँचाई पर था। मैंने एक दिन किसी तरह आले से किताबें निकाल ली थीं। उनमें उर्दू और हिन्दी की कथा-कहानियों की पुस्तकें थीं। मैंने उर्दू की किताबें तो वापस रख दी थीं लेकिन हिन्दी की पुस्तकें पढ़ डाली थीं। एक रोज माँ को पता चल गया था। उसने वे तमाम किताबें मुझसे छीनकर कहीं छुपा दी थीं। बहुत ढूँढ़ने पर भी कहीं नहीं मिलीं। माँ को डर था, चाचा का भूत कहीं मुझे सताने न लगे।

भूत-प्रेत की छायाओं के प्रति पूरी बस्ती में अजीब माहौल था। जरा भी किसी की तबीयत खराब होती तो डॉक्टर के बजाय किसी भगत को बुलाया जाता था। भगत के शरीर में देवी-देवता प्रकट हो जाने पर बीमार को दिखाया जाता था। अक्सर किसी भूत के प्रभाव का जिक्र करके भगत भूत पकड़ने की क्रियाएँ करता था जिसके बदले में देवी-देवताओं पर सूअर, मुर्गे, बकरे और शराब चढ़ाई जाती थी। प्रत्येक घर में उन देवताओं की पूजा होती थी। ये देवता हिन्दू देवी-देवताओं से अलग होते हैं, जिनके नाम किसी पोथी-पुराण में ढूँढ़ने से भी नहीं मिलेंगे। लेकिन किसी भी ऐसे परिवार में चले जाइए जिनका सम्बन्ध इस बिरादरी से है, वहाँ इन देवी-देवताओं की पूजा देखने को मिलेगी। जन्म हो या कोई शुभ कार्य, शादी-विवाह या मृत्यु-भोज—इन देवी-देवताओं की पूजा बिना अधूरा है।

इस छोटी-सी उम्र में ही चाची विधवा हो गई थी। मैं उस समय काफी छोटा था। अब तो मुझे चाची का चेहरा भी याद नहीं है। लेकिन इतना याद है, चाची बहुत सुन्दर थी।

सर्दी के दिन थे। सुबह का वक्त था। माँ, भाभी, चाची चूल्हे के पास

बैठी थीं। मैं और माया भी उनके आसपास ही बैठे थे। चूल्हे में उपलों की आग सर्दी से बचाव के लिए उन दिनों हमारी खास जरूरत थी।

पिताजी और बड़े भाई सुखबीर कहीं बाहर से लौटकर आए थे। उनमें कुछ खुसुर-फुसुर हो रही थी। अचानक पिताजी गुस्से में उबल पड़े। आँगन में एक डंडा पड़ा हुआ था, उसे उठाकर उन्होंने चाची की पीठ पर जड़ दिया। इस अचानक प्रहार से चाची दोहरी हो गई थी। उसके मुँह से भयानक चीख निकली थी। वह माँ से लिपट गई थी, "मुझे बचा लो..." चिल्ला रही थी।

पिताजी का चेहरा गुस्से में तमतमा रहा था। बड़े भाई सुखबीर ने उनके हाथ से डंडा छीन लिया था। पिताजी को खींचकर बाहर ले गए थे। हो-हल्ला सुनकर अड़ोस-पड़ोस की औरतें छतों और दीवारों से उचक-उचककर झाँकने लगी थीं।

सोचने-समझने लायक मेरी उम्र उस समय नहीं थी। लेकिन ऐसा कुछ जरूर हुआ था, जिसने पूरे परिवार को हिला दिया था। उसी दिन चाची को उनके मायके भेज दिया गया था। चाची को बसेड़े तक छोड़ने पिताजी खुद गए थे। चाची बसेड़े की ही रहनेवाली थी, इसलिए उसे सब बसेड़ो कहते थे।

उसके बाद हमारे घर में चाची की चर्चा तक पर प्रतिबन्ध लग गया था। जो कुछ घटा, उसने मेरे मन में एक दहशत बैठा दी थी। अपने चचेरे भाई-बहनों से प्यार करनेवाले पिताजी की क्रूर छवि मेरे मन में बैठ गई थी।

कुछ दिन बाद ही माँ ने श्यामलाल चाचा के लिए रिश्ता पक्का कर दिया था। मेरे ननिहाल खजूरी (जिला सहारनपुर) के पास गराहू गाँव है। दोनों गाँव के बीच हिंडन नदी है। गराहू में माँ के रिश्ते के भाई रहते थे। उनकी लड़की रामकटोरी थी। माँ ने एक महीने के भीतर-भीतर शादी कर दी थी चाचा की।

रामकटोरी के आ जाने से बसेड़ो का दंश भूल गए थे। श्यामलाल चाचा भी अब दिन-रात काम में लगा रहता था।

इसी बीच फिर एक हादसा हो गया था। अचानक श्यामलाल चाचा कहीं गायब हो गए थे। बहुत ढूँढ़ने पर भी नहीं मिले थे। माँ ने रामकटोरी से

बहुत पूछताछ की थी, "कुछ तो कह के गया होगा?" लेकिन रामकटोरी के पास कोई उत्तर नहीं था।

कई महीने बाद श्यामलाल चाचा अचानक आ गए थे। वह भी रात के धुँधलके में। आते ही सोल्हड़ चाचा पर चाकू से हमला किया था। सोल्हड़ चाचा तो हमले से बच गए थे, लेकिन पिताजी ने श्यामलाल चाचा को दबोच लिया था और उनके हाथ-पाँव रस्सी से बाँध दिए थे। रामकटोरी माँ के पास दुबककर बैठी थी। वह बेहद डरी हुई थी।

चाचा जमीन पर बँधा हुआ पड़ा था। चाचा माँ को पुकार रहा था, "भाब्बी, मुझे छुड़ा दे...फिर यहाँ कभी नहीं आऊँगा।"

माँ ने पिताजी के मना करने के बावजूद चाचा की रस्सी खोल दी थी। श्यामलाल चाचा चला गया था, फिर कभी लौटकर नहीं आया।

इस घटना से पिताजी दुखी हुए थे। श्यामलाल चाचा को वे रोकना चाहते थे। उन्होंने उसे समझाने की कोशिश भी की थी, "किसी बात से जी दुखी था तो मन्ने कहा होता...यू छूरे-बाजी पे क्यूँ उतरा..."

लेकिन चाचा भी ज़िद का पक्का निकला, लौटकर मुँह नहीं दिखाया। कुछ ही दिन बाद रामकटोरी ने सोल्हड़ का हाथ थाम लिया था।

इसके बाद दोनों परिवारों के बीच खिंचाव आ गया था। जैसे स्नेह के तमाम सूत्र टूटकर बिखर गए हों, रामकटोरी के लिए भी अब पहले जैसा नहीं रह गया था। पिताजी जब तक बैठक में दिखाई पड़ते थे, वह हमारे घर नहीं आती थी।

हमारा भी उनके घर आना-जाना कम हो गया था।

बस अड्डे से कॉलेज लगभग डेढ़ मील की दूरी पर था। आसपास में एक ही इंटर कॉलेज था। बरला के अलावा फलौदा, मांडला, भैसानी, खाइखेड़ी, बसेड़ा, ताजपुर, छपार, नगला, कुतुबपुर आदि गाँव के लड़के इसी कॉलेज में आते थे। लड़कियों की संख्या पाँच-छह से ज्यादा नहीं थी। वे भी सम्पन्न परिवारों से थीं। एक-दो लड़कियाँ अध्यापकों की थीं। लड़कों में भी

अधिक संख्या त्यागियों की थी। दलित परिवारों से इक्का-दुक्का ही पढ़ने आते थे।

बाबूराम त्यागी बरला के ही रहनेवाले थे। एक अच्छे शिक्षक थे। उनका स्नेह और मार्गदर्शन मुझे कई बार मिला। अक्सर वाद-विवाद में हिस्सा लेने के लिए प्रेरित करते थे।

वे हमें हिन्दी पढ़ाते थे। मेरी भाषा में उन्होंने कई सुधार किए थे उन दिनों। भाषा में जो रुचि विकसित हुई, उसका श्रेय बाबूराम जी को जाता है। वे मेरे प्रेरणास्रोत रहे थे उन दिनों।

सन् 1962 के जुलाई-अगस्त की बात है। मैं आठवीं कक्षा में पहुँच चुका था। सातवीं कक्षा अच्छे अंकों से पास की थी। पूरी कक्षा के चार अच्छे विद्यार्थियों में मैं भी एक था।

एक दिन मैं घर से स्कूल जाने के लिए कुछ जल्दी ही निकल पड़ा था। घर में कोई घड़ी तो थी नहीं, अन्दाज से ही निकलते थे। पक्की सड़क पर, स्कूल जानेवाला शायद उस समय मैं अकेला था। मेरे पीछे-पीछे सूरजभान तगा का बेटा बृजेश आ रहा था। मुझसे उम्र में काफी बड़ा था। उसके काँधे पर एक लम्बी-सी लाठी थी। शायद खेत पर जा रहा था। मुझे देखते ही उसने कुछ बड़बड़ाना शुरू किया। मैं अनसुना करके चलता रहा। कोठी (नहर विभाग का निरीक्षण भवन) के पास पहुँचते ही उसने आवाज दी। स्कूल थोड़ी-सी दूर रह गया था, "अबे चूहड़े के, रुक जा।"

मैंने मुड़कर उसकी ओर देखा, उसके चेहरे पर शैतानी झलक रही थी। मेरे करीब आकर वह बोला, "चूहड़े के, तेरे तो सचमुच सींग निकल आए हैं। तू तो बड़ी शेखी में रहता है। तेरी तो चाल ही बदल गई है।"

बिना उत्तर दिए मैं जाने लगा तो उसने आगे बढ़कर मेरा रास्ता रोक लिया। डाँटते हुए बोला, "सुणा है, तू पढ़ने में हुशियार है।" उसने लाठी का एक सिरा मेरे पेट में गाड़ दिया था, "करके हमें भी तो दिखा तू कितना हुशियार है!" वह झगड़े पर उतारू था। मैं झगड़े से बचना चाहता था। मुझे चुप देखकर वह फिर गुर्राया, "कितना भी पढ़ लियो, रहेगा तो चूहड़ा ही..." उसने मुझे लाठी से धकियाया। मैं गिरते-गिरते बचा, लेकिन मेरा झोला

जमीन पर गिर पड़ा था। उसने उस झोले को लाठी में फँसाकर ऊपर उठा लिया और गोल-गोल घुमाने लगा। मैं उसके आगे गिड़गिड़ा रहा था, "मेरी किताबें बिखर जाएँगी...मेरा झोला दे दो...कॉपियाँ फट जाएँगी..." वह नहीं माना और जोर से घुमाकर उसने झोला दूर फेंक दिया। मैं उठाने के लिए दौड़ा तो वह कहकहे लगाकर हँसने लगा। मेरा झोला सड़क के किनारे खाई में गिर गया था, जहाँ पानी और कीचड़ भरा हुआ था। झोला निकालने में मेरे कपड़े भीग गए थे। पाँव कीचड़ में सन गए थे, झोले में किताबें और कॉपियाँ भीग गई थीं, जिन्हें देखकर मुझे रोना आ गया था।

स्कूल के नल पर मैंने हाथ-पाँव धोए थे। किताबें, कॉपियाँ धूप में सुखाई थीं। मेरा मन बहुत दुखी हो गया था उस रोज। लग रहा था जैसे पढ़ना-लिखना अपने हिस्से में नहीं है। लेकिन पिताजी का चेहरा सामने आते ही उनकी बातें याद आने लगी थीं, 'पढ़-लिखकर जाति सुधारनी है।'

उस रोज किसी भी पीरियड में मन नहीं लगा था। सुबह की घटना रह-रहकर कचोट रही थी।

लौटकर माँ के सामने पूरी घटना का जिक्र किया तो माँ भी रोने लगी थी। पिताजी ने सुना तो वे मरने-मारने को तैयार हो गए थे। श्यामलाल चाचा बल्लम उठा लाए थे। वे दोनों उस लड़के को पीटने जा रहे थे। बगड़ के बड़े-बूढ़ों ने उन्हें शान्त किया था।

पिताजी की बेबसी को मैं आज तक नहीं भूल पाया हूँ, "अबे सोहरो, म्हारे जाकत दो अच्छर सीख लेंगे तो थारा क्या बिगड़ जागा..."

बड़ी मुश्किल से बात रफा-दफा हुई थी। लेकिन तगाओं के प्रति हमारे बगड़ में विरोध का स्वर उभरने लगा था। बेगार पर जाने से लोग मना करने लगे थे। पिताजी जल्दी ही उत्तेजित होकर चिल्लाने लगते थे। माँ डरती थी, किसी झंझट में न फँस जाएँ।

बस्ती से हिरम सिंह, सतपाल, भिक्खुराम, ओमी स्कूल जाते थे। सतपाल और मैं हमउम्र थे। दोनों ने साथ ही साथ स्कूल में दाखिला

लिया था। हिरम सिंह एक साल पीछे थे। ओमी ने बीच में ही स्कूल छोड़ दिया था। सतपाल भी मुझसे एक साल पीछे हो गया था। सतपाल पढ़ने में थोड़ा कमजोर था। हम लोग बचपन से एक साथ रहे थे। घर भी पास-पास ही थे। उसके पिताजी घिस्सा सिक्खों की तरह पगड़ी बाँधते थे। दाढ़ी रखते थे। बोलचाल का लहजा भी उनका बदल गया था। अपने बच्चों के नाम भी उन्होंने सिक्खों के ढंग से ही रखे थे। सबसे बड़े बेटे का नाम हरनाम सिंह, दूसरे का नाम गुरनाम सिंह, बेटी रजिन्दर और सबसे छोटे का सतनाम सिंह जो आगे चलकर सतपाल हो गए थे। वैसे बस्ती के लोग उसे 'बन्दर' कहकर पुकारते थे। इसी तरह 'हिरम सिंह' को सुंडल और मुझे 'पाल्ला'। बस्ती में ओमप्रकाश पुकारनेवाला मेरी माँ को छोड़कर और कोई नहीं था। कुछ लोग पिताजी की देखा-देखी 'मुंशी जी' भी कहने लगे थे।

हिरम सिंह की शादी उस समय हो गई थी जब वह आठवीं की परीक्षा दे रहा था। उसी वर्ष मैंने नौवीं की परीक्षा दी थी।

बरात मोरना गई थी। पिताजी के साथ मैं भी बरात में गया था। नए कपड़े पहनकर बरात में जाने की उमंग ही कुछ अलग थी। शादी-विवाह की तमाम रस्मों में हिरम के साथ मुझे ही भेजा गया था।

शादी के अगले रोज विदा होने से पहले हिरम सिंह को दुल्हन के घर बुलाने एक व्यक्ति जनवासे में आया था। हिरम सिंह के साथ मुझे फिर से जाना पड़ा था।

दुल्हन के आँगन में हम दोनों एक चारपाई पर बैठ गए थे। हमारे इर्द-गिर्द हँसी-ठट्ठा करती लड़कियों का झुंड मँडरा रहा था। मैं उस समय काफी सतर्क था। बड़े-बूढ़ों ने खूब अच्छी तरह समझा-पढ़ाकर मुझे भेजा था हिरम सिंह के साथ। ऐसे मौकों पर हँसी-ठट्ठा करती लड़कियों के चंगुल से बचने के तरीके सिखाए थे सभी ने।

लड़कियाँ बात-बात में छेड़खानी कर रही थीं। रात के बचे हुए दाल-चावल हम दोनों को खाने के लिए दिए थे।

एक व्यक्ति गले में बड़ा-सा ढोल लटकाए खड़ा था। हिरम सिंह की सास और दो-तीन स्त्रियाँ ढोलवाले को चलने का इशारा कर रही थीं। उनके

साथ हिरम सिंह को 'सलाम' के लिए उन घरों में जाना था, जहाँ उसकी सास काम करती थी।

मैंने हिरम सिंह को 'सलाम' के लिए जाने से रोकने की कोशिश की थी, लेकिन उसने कोई विरोध नहीं किया था और चुपचाप उनके साथ जाने के लिए खड़ा हो गया था। मैंने कहा, "ठीक है, तुम जाओ, मैं नहीं जाऊँगा।"

लेकिन हिरम सिंह ने आकर मेरा हाथ पकड़ लिया, "मुझे अकेला छोड़ दोगे? चलो, साथ चलो..."

इस बात को लेकर काफी किचकिच हो गई थी हिरम सिंह से। लेकिन अन्त में मुझे हारकर उसके साथ जाना पड़ा, "यार! एक-दो घर जाके जल्दी ही लौट आएँगे।" मैं अनमने ढंग से चल दिया था।

गरमी के दिन थे। गलियों में भटकते-भटकते दोपहर हो गई थी। हम एक जुलूस की शक्ल में चल रहे थे। सबसे आगे दुल्हन की माँ और दो स्त्रियाँ, उनके पीछे ढोल बजानेवाला, फिर हम दोनों, उसके बाद बच्चों का हुजूम। ढोल की आवाज से ज्यादा बच्चों की किलकारियाँ थीं।

प्रत्येक घर के सामने खड़े होकर ढोल बजानेवाला जोर से ढोल पीटता था जिसकी आवाज सुनकर औरतें, लड़कियाँ बाहर आती थीं। हिरम सिंह उन्हें सलाम करता था। वे घूँघट के कोनों से हिरम सिंह को ऐसे निहारती थीं जैसे हिरम सिंह को चिड़ियाघर से लेकर आए हैं। किसी-किसी का व्यवहार बेहद रूखा और अपमानजनक होता था। लेने-देने पर दुल्हन की माँ को काफी कुछ कहना पड़ता था। यानी आसानी से किसी के हाथ से कोई कपड़ा या बर्तन नहीं छूटता था। हिरम की सास कहती थी, "चौधराइन, मेरी कोई दो-चार लौंडी तो है नी जो मेरे और जमाई थारे दरवज्जे पे आवेंगे। इज्जत से लड़की को भेज सकूँ, ऐसा तो कुछ दो..." लेकिन इस गिड़गिड़ाहट का कोई असर दिखाई नहीं पड़ रहा था।

कोई-कोई तो अजीब मुद्रा में मुँह बनाकर कहते, "इन चूहड़ों का तो कभी पेट ही ना भरता।"

एक औरत ने हिरम सिंह के हाथ पर एक रुपए का नोट रखते हुए कहा, "अरी, तेरा जमाई है तो सोहणा (सुन्दर) काम क्या करे हैं?"

हिरम की सास ने उत्साहित होकर कहा, "पढ़े हैं...आठवीं का इम्ताहन दिया है।" पूछनेवाली महिला ने आश्चर्य से हिरम को देखा। मैं पास ही खड़ा था। मुझे ऊपर से नीचे देखते हुए उसी सुर में बोली, "तू...भी पढ़े है?"

मैंने 'हाँ' में गर्दन हिलाई।

"तू...कोणसी किलास में है?"

"नौवीं की परीक्षा दी है।"

उसकी आँखें ताज्जुब से भर गईं, "तू दिक्खे तो इससे छोटा?"

"जी, मैं इनसे छोटा हूँ।"

वह थोड़ा रुककर बोली, "बरला तो तगाओं का है?"

"जी हाँ।" मैंने कहा।

"चूहड़ों के जाकत (बच्चे) भी पढ़ने जावे हैं मदरसे में।" उसे आश्चर्य हो रहा था।

"कितना बी पढ़ लो...रहोगे तो चूहड़े ही।" कहकर उसने अपने भीतर की भड़ास निकाली और अन्दर चली गई।

जुलूस अगले दरवाजे की ओर चल दिया। प्यास के मारे मेरा गला सूख रहा था। खड़े-खड़े थक भी गए थे। मैंने ढोल बजानेवाले से कहा, "भैया, कहीं पानी पिलवा दो।"

उसने हैरानी से मेरी ओर देखा, "पाणी तो घर जाके ही मिलेगा।"

बरात में आने का सारा आनन्द किरकिरा हो गया था। पसीने से लथपथ जब हम वापस लौटे तो मैंने जी भरकर पानी पिया। पानी इस तरह पीते हुए देखकर पानी पिलानेवाला बोला, "बरले में सूखा पड़ गया है क्या?"

"नहीं! सलाम ने मेरा पानी सोख लिया है।" मेरी बात के मर्म को वह बेचारा अनपढ़ समझा या नहीं, मैं नहीं जानता। मैं चुपचाप एक किनारे बैठ गया था, अपनी थकान मिटाने के लिए। 'सलाम' के लिए दर-दर भटकने की पीड़ा ने मुझे बेहद थका दिया था। मेरे मन में जैसे कुछ उबल रहा था।

दोपहर के खाने में सूअर का मीट और रोटी बनी थी। शराब पीकर कई लोग हो-हल्ला कर रहे थे। नीम के पेड़ तले चारपाइयों पर लोग ऊँघ रहे थे। खाना खिलाने और बरात के विदा करने की गहमागहमी में मैं एक किनारे

चुपचाप बैठा था।

मुझे इस तरह बैठा देखकर पिताजी ने पूछा, ''ऐसे क्यूँ बैठे हो मुंशी जी?''

मैंने पिताजी के सवाल का उत्तर देने के बजाय, एक सवाल तेजी से दागा, ''ये सलाम के लिए जाना क्या ठीक है?''

पिताजी ने मेरी ओर ऐसे घूरा जैसे मुझे पहली बार देख रहे हों। उन्हें चुपचाप देखकर मेरे मन की उथल-पुथल बाहर आने लगी, ''अपनी ही शादी में दूल्हा घर-घर घूमे...बुरी बात है...बड़ी जातवालों के दूल्हे तो ऐसे कहीं नहीं जाते...ये दुल्हन बरला जाकर ऐसे ही घर-घर जाएगी सलाम करने...''

पिताजी खामोशी से मेरी बात सुन रहे थे, ''मुंशी जी, बस, तुझे स्कूल भेजना सफल हो गिया है...म्हारी समझ में बी आ गिया है...ईब इस रीत कू तोड़ेंगे।''

पिताजी ने सचमुच इस रीत को अपने ही घर से तोड़ा था। मेरे भाई जनेसर की बरात लक्सर के पास रजोपुर गई थी। पिताजी ने साफ मना कर दिया था, ''मेरा बेटा सलाम करने नहीं जाएगा।''

बहन की शादी में भी हमने अपने बहनोई को 'सलाम' पर नहीं जाने दिया था। साफ-साफ कह दिया था, जिसे जो भी देना है यहाँ देकर जाए।

देखने-सुनने में बहुत साधारण-सी बात लग सकती है लेकिन दूल्हा हो या दुल्हन, शादी के पहले ही दिन उनमें हीनता-बोध भर दिया जाता है। 'सलाम' पर इसी शीर्षक से मेरी एक कहानी हंस (अगस्त, 1993) में छपी थी, जिसे राजेन्द्र यादव ने ब्राह्मणवाद-विरोध की सशक्त कहानी कहा था।

सदियों से चली आ रही इस प्रथा के पार्श्व में जातीय अहम की पराकाष्ठा है। समाज में जो गहरी खाई है उसे प्रथा और गहरा बनाती है। एक साजिश है हीनता के भँवर में फँसा देने की।

कितनी ही बार दूल्हों को ही नहीं, दुल्हनों को भी बेइन्तहा अपमान सहना पड़ता है। गरीब परिवार की अनपढ़ लड़की अजनबियों के बीच आकर वैसे ही गूँगी बनी रहती है। ऊपर से उसे दरवाजे-दरवाजे लेकर घूमने पर रही-सही कसर भी पूरी हो जाती है।

बचपन की कई ऐसी घटनाएँ मन के भीतर पसरी हुई हैं, जो अतीत के काले स्याह दिनों की साक्षी हैं।

उन दिनों मैं नौवीं कक्षा में था। घर की आर्थिक हालत कमजोर हो चुकी थी। एक-एक पैसे के लिए परिवार के प्रत्येक सदस्य को खटना पड़ता था। मेरे पास पाठ्य-पुस्तकें हमेशा कम रहती थीं। दोस्तों से माँगकर काम चलाना पड़ता था। कपड़ों की भी वही स्थिति थी। जो मिल गया, पहन लिया। जो वक्त पर मिल गया, खा लिया।

उन दिनों गाँव में मरनेवाले पशुओं को उठाने का काम भी चूहड़ों के जिम्मे था। जिनके घर में जो काम करता था, उनके पशु भी उसे ही उठाने पड़ते थे। इसके बदले में कोई मेहनताना या मजदूरी नहीं मिलती थी। एक गाय, एक भैंस या बैल को उठाने के लिए चार से छह लोगों की जरूरत पड़ती थी। जिसका मवेशी मर जाता था, उसे जल्दी लगी रहती थी। इसलिए वह बार-बार बस्ती में आकर चिल्लाता था। देर होने पर गालियाँ बकता था। उठानेवालों को इकट्ठा करने में अक्सर देर हो जाती थी।

मरे हुए पशु को उठाना बहुत कठिन काम होता है। उसके अगले-पिछले पैरों को रस्सी से बाँधकर बाँस की मोटी-मोटी बाहियों से उठाना पड़ता है। इतने श्रम-साध्य काम के बदले मात्र गालियाँ... ? कितने क्रूर समाज में रहे हैं हम, जहाँ श्रम का कोई मेल ही नहीं बल्कि निर्धनता को बरकरार रखने का एक षड्यंत्र ही था यह सब।

मरे हुए पशु की खाल मुजफ्फरनगर में चमड़ा बाजार में बिक जाती थी। उन दिनों एक पशु की खाल 20 से 25 रुपए में बिकती थी। आने-जाने और मरे जानवर को उठानेवालों की मजदूरी देकर मुश्किल से एक खाल के बदले दस-पन्द्रह रुपए हाथ में आते थे। तंगी के दिनों में दस-पन्द्रह रुपए भी बहुत बड़ी रकम दिखाई पड़ते थे।

चमड़ा खरीदनेवाला दुकानदार खाल में बहुत मीन-मेख निकालता था। कट-फट जाने पर खाल बेकार हो जाती थी। खाल को निकालते ही उस पर

नमक लगाना पड़ता था, वरना दूसरे दिन ही खाल खराब हो जाती थी जिसे दुकानदार खरीदने से मना कर देता था।

एक रोज ब्रह्मदेव तगा का बैल खेत से लौटते हुए रास्ते में गिर पड़ा। उठ नहीं पाया, मर गया था। कुछ ही देर बाद ब्रह्मदेव ने आकर हमारे घर खबर कर दी थी। पिताजी और मुझसे बड़े भाई जनेसर उस रोज किसी रिश्तेदारी में गए थे। घर पर माँ, मेरी बहन माया और सबसे बड़ी भाभी रहती देवी ही थे। जसबीर उन दिनों देहरादून में था मामा के पास।

माँ परेशान हो गई थी, बैल की खाल उतारने किसे भेजे? बस्ती में एक-दो लोग थे, लेकिन कोई भी उस समय जाने के लिए तैयार नहीं था। माँ ने चाचा से बात की। वे तैयार हो गए थे। लेकिन उनके साथ किसी को जाना चाहिए। अकेले से खाल नहीं उतर पाएगी।

मैं उस समय स्कूल में था। माँ ने थक-हारकर मुझे ही बुला लिया था। मैंने कभी ये काम नहीं किया था। माँ नहीं चाहती थी कि यह काम मुझे करना पड़े। लेकिन खाल बेचकर जो दस-पन्द्रह रुपए मिलनेवाले थे, उसे छोड़ पाने की स्थिति में माँ नहीं थी। हारकर माँ ने मुझे चाचा के साथ भेज दिया। मेरे चाचा सोल्हड़ महाकामचोर थे। बस, सारा दिन ढोल-ताशों में लगे रहते थे। मेहनत के काम से कतराते थे।

माँ को फिकर लगी थी कि कहीं हमारे पहुँचने से पहले ही बैल पर गिद्ध या जंगली जानवर न टूट पड़ें।

चाचा ने खाल उतारना शुरू किया। मैं उनकी मदद कर रहा था। चाचा का हाथ धीरे-धीरे चल रहा था। पिताजी जैसी कुशलता उनमें नहीं थी। थोड़ी देर बाद ही वे थककर बीड़ी पीने बैठ गए थे।

चाचा ने एक छुरी मेरे हाथ में पकड़ा दी। बोले, ''धीरे-धीरे खाल उतारो, अकेले से तो शाम तक नहीं उतरेगी।''

छुरी पकड़ते हुए मेरे हाथ काँप रहे थे। अजीब-से संकट में फँस गया था। चाचा ने छुरी चलाने का ढंग सिखाया। उस रोज मेरे भीतर बहुत कुछ था जो टूट रहा था। चाचा की हिदायत पर मैंने बैल की खाल उतारी थी। मैं जैसे स्वयं ही गहरे दलदल में फँस रहा था, जहाँ से मैं उबरना चाहता था। हालात

मुझे उसी दलदल में घसीट रहे थे। चाचा के साथ तपती दोपहर में जिस यातना को मैंने भोगा था, आज भी उसके जख्म मेरे तन पर ताजा हैं।

जैसे-जैसे खाल उतर रही थी, मेरे भीतर का रक्त जम रहा था। खाल उतारने में हमें कई घंटे लग गए थे। चाचा ने खाल को जमीन पर फैला दिया था। उस पर लगे खून को सूखी जमीन ने सोख लिया था।

चाचा ने खाल को चादर में बाँध दिया था। गठरी उठाकर सिर पर रख ली थी। लगभग दो मील की दूरी पर हमारा घर था। बोझ के कारण चाचा को तेज चलना पड़ रहा था। मैं हाथ में छुरी पकड़े उनके पीछे-पीछे लगभग दौड़ रहा था। बसेड़ा जानेवाली पक्की सड़क से हम लोग बस-अड्डे के पास पहुँच गए थे। गठरी सिर से उतारकर चाचा ने जमीन पर रख दी थी। "यहाँ से आगे तुम ले जाओ, मैं थक गया हूँ।"

उस रोज मैंने चाचा से बहुत कहा, लेकिन वे नहीं माने। "चाचा, बस-अड्डे की भीड़ पार करा दो। मेरे स्कूल की छुट्टी का समय है। मेरे स्कूल के साथी यह ले जाते हुए देखेंगे तो वे मुझे स्कूल में तंग करेंगे।" मैंने गिड़गिड़ाकर रुआँसी आवाज में चाचा से कहा। किन्तु वे नहीं पसीजे। गठरी उतारकर मेरे सिर पर रख दी थी। गठरी का वजन मेरे वजूद से ज्यादा था। मजबूरन उठाकर चलना पड़ा। बस-अड्डे की परिचित भीड़ से मैं उस रोज जिस तरह निकला, मेरा ही मन जानता है। एक भय लगातार मेरा पीछा कर रहा था—कोई देख न ले। कोई सहपाठी न मिल जाए। अगर पूछ बैठा कोई तो क्या बताऊँगा?

घर तक पहुँचते-पहुँचते मेरी टाँगें जवाब दे गई थीं। लग रहा था, अब गिरा। गाँव के किनारे-किनारे चलकर, लम्बा चक्कर काटा था, बस्ती तक पहुँचने के लिए।

मुझे उस हाल में देखकर माँ रो पड़ी थी। मैं सिर से पाँव तक गन्दगी से भरा हुआ था। कपड़ों पर खून के धब्बे साफ दिखाई पड़ रहे थे। बड़ी भाभी ने उस रोज माँ से कहा था, "इनसे ये ना कराओ...भूखे रह लेंगे...इन्हें इस गन्दगी में ना घसीटो..." भाभी के ये शब्द आज भी मेरे लिए अँधेरे में रोशनी बनकर चमकते हैं। मैं इस गन्दगी से बाहर निकल आया हूँ, लेकिन लाखों लोग आज भी उस घिनौनी जिन्दगी को जी रहे हैं।

अगले रोज हिरम सिंह के साथ खाल लेकर शहर जाना पड़ा था। पिताजी और जनेसर लौटे नहीं थे। हिरम सिंह का परिवार जानवरों की हड्डियाँ और खाल शहर में ले जाकर बेचता था।

ताँगे में खाल को छुपाकर सीट के नीचे रखा था ताकि सवारियों का ध्यान उस पर न जाए। बस में कंडक्टर चढ़ने नहीं देता था। मुसलमान ताँगेवाले से हिरम सिंह ने बात कर ली थी। ताँगेवाले ने सवारियाँ जिला अस्पताल के सामने उतार दी थीं। वह हमें लेकर चमड़ा बाजार गया।

चमड़ा बाजार में चारों तरफ चमड़े के ढेर लगे थे। सूखी हड्डियों के गोदामों से बदबू के तेज झोंके आ रहे थे। साँस लेना भी मुश्किल हो गया था।

खाल पच्चीस रुपए में बिक गई थी। दो रुपए ताँगेवाले ने लिये थे किराए के।

शाम होने से पहले ही हम लौट आए थे। बचे हुए पैसे मैंने माँ को दिए तो उसने लौटा दिए, ''तेरे पास स्कूल की किताबें नहीं, इनसे जो भी आए खरीद ले। घर का खर्चा तो जैसे-तैसे चल ही जाएगा।''

मैंने माँ से कहा, ''इसमें से कुछ चाचा को भी दे दो।'' माँ ने मुझे डाँट दिया था, ''उसका नाम मत लेना, तेरे बाप कू आणे दे, इसके हाड़ तुड़वाऊँगी।''

माँ चाचा पर गुस्सा थी। उस दिन से चाचा भी माँ के सामने आने से कतरा रहे थे। मेरे चाचा माँ का आदर करते थे। माँ भी चाहे जितना कड़वा बोले लेकिन दोनों चाचा, सोल्हड़ और श्यामलाल, को खूब चाहती थी। उनके निकम्मेपन पर दुखी तो होती थी, फिर भी उनके छोटे से छोटे दुख में साथ खड़ी रहती थी। पिताजी के वे चचेरे भाई थे, लेकिन उन्हें सगा ही मानती थी।

पारिवारिक सघनता का एहसास पिताजी से मुझे विरासत में मिला है। एक दिन मामा सुरजन को लेकर अचानक बरला आ गए थे। माँ से उन्होंने कहा था, ''यो अब नहीं पढ़ेगा, देहरादून में इसका रहना ठीक नहीं है। इसकी सोहबत खराब हो गई है। यहीं के स्कूल में इसका दाखिला करवा दो।''

सुरजन का दाखिला नौवीं में हुआ था। सुरजन और मैं नौवीं कक्षा में एक साथ थे। दोनों का सेक्शन भी एक ही था।

उन्हीं दिनों जनेसर की आँख में मोतियाबिन्द उतर आया था, काफी परेशान था वह। काफी दिन घरेलू इलाज चलता रहा। लेकिन तकलीफ कम होने के बजाय लगातार बढ़ रही थी। गाँव में आँखों के इलाज के लिए एक कैंप लगा था जिसमें मुफ्त इलाज होता था।

जनेसर को भी इलाज के लिए उस कैंप में भर्ती कर दिया था, उसकी आँखों का ऑपरेशन हुआ था। जनेसर कई महीने बिस्तर पर रहा था। ऑपरेशन के बाद आँखें पूर्ण रूप से ठीक नहीं हुई थीं। उन दिनों सुरजन ही उसकी पट्टी बदलने, दवाई डालने का काम करता था। उन्हीं दिनों एक घटना घट गई थी जिसमें सुरजन और जनेसर भी फँसते-फँसते रह गए थे।

हुआ यह था कि बस्ती के जवान लड़कों ने बेगार करने से इनकार कर दिया था। शुरू-शुरू में इनकार की जगह आनाकानी या टालमटोल से काम चलाने की विधि अपनाई गई थी। बड़े-बूढ़े इनकार नहीं कर पाते थे।

तगाओं ने भी समझ लिया था कि अब ये उनके हाथ से निकल रहे हैं इसलिए काम के बदले मजदूरी माँगते ही उनकी त्योरियाँ चढ़ जाती थीं। वे ऐसा कोई रास्ता ढूँढ़ रहे थे कि उनका दबदबा भी बरकरार रहे और कुछ करना भी न पड़े। इसके लिए उन्होंने पुरकाजी थाने के दरोगा की मदद ली थी, जो कि उनकी ही बिरादरी का था। दरोगा किसी खास अवसर की टोह में था। यह मौका अचानक ही उसके हाथ लग गया था।

नहर विभाग का एक अतिथि गृह है बरला गाँव में। बस-अड्डे से मुजफ्फरनगर जानेवाली सड़क पर, कॉलेज से पहले, एक पीली-सी और लाल मटमैले रंग की पुरानी इमारत है वृक्षों के झुरमुट में। यह इमारत कई हिस्सों में बँटी हुई है। किसी जमाने में अंग्रेज अफसर दौरे पर आते थे, तो यहीं ठहरते थे। इसे यहाँ कोठी के नाम से जाना जाता है। उसके आसपास दूर-दूर तक लहलहाते खेत हैं। सामने पक्की सड़क।

गाँव में चकबन्दी चल रही थी। कोई बड़ा अफसर आने वाला था। हमेशा की तरह भंगी-बस्ती में एक सरकारी कर्मचारी आया। साफ-सफाई के लिए कुछ लोगों की जरूरत थी कि जिसके बदले में कोई पैसा या मजूरी मिलने की उम्मीद नहीं थी। बेगार थी यह हमेशा की तरह। कई-कई दिन

तक भूखे-प्यासे लोग कोठी की साफ-सफाई में लगे रहते थे, बदले में गालियाँ अलग। पुलिस के सिपाही बस्ती से मुर्गे-मुर्गियाँ उठा ले जाते थे जोर-जबरदस्ती से। कहीं कोई सुनवाई नहीं थी, इसके खिलाफ; बल्कि कुछ तगा भी इसमें सहयोग देते थे। पुलिसवालों को देखते ही बस्ती की औरतें घरों में छिप जाती थीं।

इस बार बस्ती के लोगों ने बेगार करने से मना कर दिया था। दिहाड़ी दोगे तो जाएँगे, इस बात पर तनातनी हो गई थी। जो व्यक्ति बुलाने आया था, वह तहसील का कोई चतुर्थ श्रेणी मुलाजिम था। लेकिन उसका रोब-दाब किसी अधिकारी से कम नहीं था। बात-बात में अबे-तबे कर रहा था। जब सभी ने जाने से मना कर दिया तो वह जोर-जबरदस्ती पर उतर गया था। लेकिन सभी लोग एक-एक कर इधर-उधर खिसकने लगे थे। उसे बैरंग लौटना पड़ा था।

जाते-जाते वह धमकी देकर गया था।

इस घटना के पन्द्रह दिन बाद पुलिस के दो सिपाही बस्ती में आए थे और दस लोगों को धर ले गए थे। जो भी सामने दिखाई पड़ा, बुला लिया। जनेसर की आँखों में पट्टी बँधी थी। सुरजन उसी क्षण भीतर आँगनवाले घर में चला गया था, वरना वह भी फँस गया था। मैं उस समय बस्ती में नहीं था। कुछ देर बाद लौटा था। आते ही पता चला—बारू, धन्नु, मामचन्द आदि को पुलिस ले गई है।

इलियास के घेर के सामने एक बगीचा था—सड़क के किनारे, सड़क पार पंचायत घर था। उसी बगीचे में चारपाई पर बैठा इलियास हुक्का गुड़गुड़ा रहा था। एक मूढ़े पर दरोगा बैठे हुए थे। उनके हाथ में एक रूल था, जिसे वे बार-बार हवा में लहरा रहे थे। आठ-दस सिपाही भी हाथों में लाठी, कन्धों पर बन्दूकें लटकाए इधर-उधर खड़े थे।

बस्ती से पकड़कर लाए लोगों को मुर्गा बनाकर लाठियों से पीठा जा रहा था। पीटनेवाला सिपाही थक गया था। प्रत्येक प्रहार पर पिटनेवाला चीख उठता था।

खुले आम यह शौर्य-उत्सव मनाया जा रहा था, जिसमें लोग मूक बने तमाशा देख रहे थे। कहीं कोई विरोध या प्रतिरोध नहीं था।

बस्ती की औरतें-बच्चे गली में खड़े दहाड़ें मार-मारकर रो रहे थे। बिना किसी जुर्म के पुलिस उन्हें पकड़ लाई थी। औरतों और बच्चों को रोने के अलावा कुछ सूझ नहीं रहा था। बस्ती के मुखिया किरपा और घिस्सा प्रधान के पास गए हुए थे, जो अभी तक लौटे नहीं थे। बाद में पता चला, प्रधान जी किसी जरूरी काम से शहर चले गए थे ऐन वक्त पर।

बस्ती के किसी व्यक्ति में इतनी हिम्मत नहीं थी, जो दरोगा से पूछ सकता कि उन्हें पीटा क्यों जा रहा है? क्या कुसूर है उनका?

यह तमाशा घंटे भर चला था, दस के दस लोग दर्द से कराह रहे थे, उनकी चीखें सुनकर वृक्षों पर बैठे पक्षी उड़ गए थे। लेकिन गाँव की संवेदना को लकवा मार गया था।

मेरे मन में गहरी वितृष्णा भर गई थी। वय:सन्धि की उस किशोरावस्था में मन पर एक खरोंच पड़ गई थी जो काँच पर खिंची लकीर की तरह आज भी यथावत् है।

स्कूल में पढ़ाई गई सुमित्रानन्दन पन्त की कविता 'आह! ग्राम्य जीवन भी क्या...' के एक-एक शब्द घोर बनावटी और झूठे साबित हुए थे। उस दिन जो कुछ घटित हुआ, उसने मेरे मन में उद्वेलन कर दिया था। शायद दलित कविता के संस्कार भी जागने लगे थे, जो एक लम्बी प्रक्रिया के बाद समय आने पर अंकुरित हुए। ऐसे ही अनुभवों ने 'ठाकुर का कुआँ' कविता मुझसे लिखवाई थी।

ये कड़वी यादें मैं भूल नहीं पाता हूँ, रह-रहकर बिजली की तरह दिमाग में कौंधती हैं। अपने श्रम का मूल्य माँगना अपराध क्यों है?

लोकतंत्र की दुहाई देनेवाले सरकारी मशीनरी का उपयोग, नसों में दौड़ते हुए लहू को ठंडा करने के लिए करते हैं, जैसे हम इस देश के नागरिक ही नहीं हैं। हजारों साल से इसी तरह दबाया गया कमजोर और बेबसों को। कितनी प्रतिभाएँ छल और कपट का शिकार होकर मिट गईं। कोई हिसाब नहीं।

पिट-पिटकर वे लोग हताश घर लौट आए। खामोशी उनके चेहरों पर

चिपकी थी। आँखों में गहन पीड़ा थी। शरीर जख्मी। उस रोज बस्ती में किसी के घर चूल्हा नहीं जला था। सभी डरे और सहमे हुए थे। इस हादसे ने आपसी सौहार्द्र खत्म कर दिया था। फिर शुरू हुआ एक सिलसिला गाँव से पलायन का। धन्नु, हरनाम, गुरनाम, फौजा, जसबीर...एक-एक कर चल पड़े शहरों की ओर, जहाँ, उन्हें एक नई रोशनी अपनी ओर खींच रही थी। गाँव की धरती जब बाँझ होने लगे, तो उसमें खाद-पानी डालने की हिम्मत छूट जाती है। अपना गाँव जब अपना ही न रह जाए तो लगाव कैसा?

बस्ती में जब भी कोई बीमार पड़ जाता, दवा-दारू करने के बजाय भूत-प्रेत की छाया से छुटकारा पाने के कार्य, झाड़-फूँक, टोने-टोटके, ताबीज, गंडे, भभूत आदि की आजमाइश शुरू हो जाती थी। ये तमाम काम रात में किए जाते थे। जब बीमारी लम्बी खिंच जाती थी या गम्भीर रूप ले लेती तो किसी भगत को बुलाकर 'पुच्छा' की जाती थी। ऐसे समय में भगत के साथ एक ढोलक बजानेवाला, दो-तीन गानेवाले होते थे। जो ढोलक की खास ताल पर एक ही सुर में गाना गाते थे। गाने में उस देवता का आह्वान होता था, जिसे भगत के शरीर में प्रविष्ट होकर झूमना है। लय-ताल-सुर से ऐसा माहौल बना दिया जाता था कि अच्छा-खासा व्यक्ति झूमने लगे। गाने में अशिष्ट शब्दों की भरमार होती थी, जो देवता के प्रति आत्मीयता दिखाने की अभिव्यक्ति थी।

भगत के झूमते ही ढोल और गाना थम जाते थे। भगत के सिर, हाथ आदि हिलते ही मान लिया जाता था कि देवता आ गए हैं। देवता अपना नाम बताता था, सबको राम-राम कहता था। और फिर कोई घर का बुजुर्ग देवता के सामने मरीज का दुख-तकलीफ बयान करता था। देवता रोगी को छूकर या अन्य कई विधियाँ थीं, मुआयना करके रोगी के ऊपर भूत छाया का विवरण और उससे निदान की बात कहता था।

इन देवताओं को 'पौन' कहा जाता है। कलवा, हरि सिंह नलवा विशिष्ट और बड़े 'पौन' हैं, जो ज्यादातर परिवारों में पूजे जाते हैं। कई देवियाँ भी हैं जिनमें माई मदारन उल्लेखनीय देवी है।

कहने को तो बस्ती के सभी लोग हिन्दू थे, लेकिन किसी हिन्दू देवी-

देवता की पूजा नहीं करते थे। जन्माष्टमी पर कृष्ण की नहीं, जहारपीर की पूजा होती थी या फिर 'पौन' पूजे जाते थे। वे भी अष्टमी को नहीं, 'नवमी' के ब्रह्ममुहूर्त में।

इसी प्रकार दीपावली पर लक्ष्मी का पूजन नहीं, माई मदारन के नाम पर सूअर का बच्चा चढ़ाया जाता है या फिर कड़ाही की जाती है। कड़ाही यानी हलवा-पूरी का भोग लगाया जाता है।

इस तरह त्योहार कोई भी हो, पूजा इन्हीं देवी-देवताओं की होती है। 'पुच्छा' के बाद भूत पकड़कर देवता अपने वश में कर लेता है और उस रोगी को मुक्त करने का आदेश देता है।

इसके बाद, देवता की इच्छा पूरी की जाती है। सूअर की दावत यानी पूजा में सूअर की बलि दी जाती थी और शराब की बोतल।

शादी हो या जीवन-मरण, देवताओं की पूजा जरूरी थी। यदि कोई भूल जाए या मुकर जाए तो अनिष्ट होने की आशंका रहती थी।

ऐसे वातावरण में रहकर भी इन देवी-देवताओं में मेरी आस्था, होश सँभालने यानी सोचने-समझने लायक हो जाने के बाद, कभी नहीं रही। ये भगत ढोंगी लगते थे।

हमारे घर में जब भी ये पूजा होती थी, मैं बाहर बैठा रहता था या इधर-उधर कहीं घूमता रहता था। बचपन से ही मेरी ये आदत बन गई थी। पिताजी इन बातों से नाराज होते थे। वे पुरखों के धर्म की बात कहते थे, जो मेरे गले ही नहीं उतरती थी। लेकिन मैं इन विषयों पर उनसे बहस नहीं करता था; बस, चुप होकर बैठ जाता था। वे चिढ़ जाते थे। डाँटते थे। आखिर में तंग होकर वे भी चुप हो जाते थे। बार-बार एक ही बात कहते थे, "मुंशी जी...ईसाई तो नहीं हो गए हो?" मैं उन्हें आश्वस्त कर देता था, "नहीं, मैं ईसाई नहीं हुआ हूँ।"

लेकिन मन में एक उबाल-सा उठता था जो कहना चाहता था, मैं हिन्दू भी तो नहीं हूँ। यदि हिन्दू होता तो हिन्दू मुझसे इतनी घृणा, इतना भेद-भाव क्यों करते? बात-बात पर जातीय-बोध की हीनता से मुझे क्यों भरते? मन में यह भी आता था कि अच्छा इनसान बनने के लिए जरूरी क्यों है कि वह

हिन्दू ही हो...हिन्दू की क्रूरता बचपन से देखी है, सहन की है। जातीय श्रेष्ठता-भाव अभिमान बनकर कमजोर को ही क्यों मारता है? क्यों दलितों के प्रति हिन्दू इतना निर्मम और क्रूर है?

मुझे डाँट-फटकारकर पिताजी पूजा में मग्न हो जाते थे। घर के सब लोग वहाँ होते थे। मैं अकेला अपने-आपमें खोया, अँधेरे की गहरी परतों में अपने आपको ढूँढ़ने की कोशिश करता था। ये मेरी आदत बन गई थी, जिसने मुझे चुप्पा और अन्तर्मुखी बना दिया था।

जब भी रात के सन्नाटों में किसी घर से 'पौन' आह्वान की ढोलक बजने और गाने की आवाज कानों में पड़ती, मेरी नींद उड़ जाती थी।

जब किसी को 'भगत' बनाने की प्रक्रिया शुरू होती थी, तो सवा महीने तक ढोलक बजना और गाना जारी रहता था। घर के अन्दर सवा महीने तक दीया जलता रहता था जिसके सामने भगत बनाया जानेवाला व्यक्ति हाथ जोड़कर एकाग्रचित्त खड़ा रहता था। उसके गले में धागे की एक मोटी-सी माला पड़ी रहती थी। दीये के पास अंगारों पर लोबान डाला जाता था जिसका धुआँ पूरे घर में भरकर एक रहस्यात्मक माहौल की रचना कर देता था।

'पौन' खिलानेवाला गुरु देवता का आह्वान करता था, तरह-तरह के लालच देवता को दिए जाते थे, ताकि देवता नए 'भगत' के शरीर में प्रविष्ट हो सके।

महीने-भर के अनुष्ठान के बाद भी कई लोग भगत नहीं बन पाते थे। जो भगत बन जाते थे, वे देवता को सूअर और शराब चढ़ाते थे। पूरी बस्ती को खाना खिलाया जाता था उसके बाद वह 'भगत' 'पुच्छा' के लिए किसी के भी घर जा सकता था।

हमारे पड़ोस में बुरजा का घर था। उसके शरीर में 'बादी' देवता आते थे। उस पल वे कई-कई तरह की आवाजें मुँह से निकालते थे। कलाबाजियाँ खाते थे। खूब उछल-कूद करते थे।

ऐसे दिनों में बस्ती का माहौल डरावना हो जाता था। साँझ होते ही बच्चों को घर से बाहर निकलने की मनाही हो जाती थी। सभी को लगता था जैसे चारों ओर भूत मँडरा रहे हैं।

मेरे मन में जहाँ भूतों के अस्तित्व से इनकार था, वहीं उतनी ही गहराई से सांस्कारिक भय भी विद्यमान था। इस भय से मुक्त होने में मुझे काफी समय लगा था।

गरमी की छुट्टियों में महीने भर के लिए मैं देहरादून चला गया था। लेकिन वहाँ जाते ही मुझे पेचिश लग गए थे जो काफी लम्बे समय तक ठीक नहीं हुए थे। स्कूल खुलने से पहले ही मैं गाँव लौट आया था। पेट में मरोड़ उठता था। दर्द भी रहने लगा था। पिताजी ने एक-दो नीम-हकीम को दिखाया भी लेकिन ठीक नहीं हुआ था। काफी कमजोर हो गया। दुबला-पतला तो पहले से ही था, कुछ और हो गया था।

इसी बीच कैंदकी से मेरे एक रिश्ते के बहनोई आ गए थे। वे भी भगत थे। पिताजी ने मेरा हाल उन्हें सुनाया। उन्होंने मेरा मुआयना किया और पिताजी से बोले, ''क्यूँ दवा-दारू के चक्कर में हो...इसे तो ओपरा है (भूत की लपेट)।''

थोड़ी देर वे जमीन पर उकड़ूँ, बैठकर कुछ बड़बड़ाते रहे कि अचानक उनका शरीर हिलने लगा। उन्होंने एक कपड़ा माँगा। उस कपड़े से उन्होंने एक कोड़ा बना लिया था। उनके मुँह से एक भयानक आवाज निकली। कोड़ा हवा में लहराया और सड़ाक से मेरी पीठ पर पड़ा। एक तो कमजोरी ऊपर से कोढ़े की मार। मैं तिलमिला गया। उन्होंने दोबारा कोड़ा हवा में लहराया। मैंने रोकना चाहा, ''जीजा, यह क्या कर रहे हो, मुझे चोट लगी है।'' लेकिन वे अपनी धुन में थे। तीन-चार कोड़े सटका दिए। वे समझ रहे थे, भूत पिट रहा है। जान मेरी निकल रही थी। आखिर मैंने कोड़ा पकड़कर उनसे छीन लिया। वे और ज्यादा तेज आवाज में मुझे भयभीत करने लगे। मैंने चिल्लाकर पिताजी से कहा, ''मुझे जान से मार डालेगा यह। इसे रोको। मुझे भूत-वूत कुछ नहीं चिपटा है।''

अचानक उनका देवता शरीर छोड़कर गायब हो गया था। वे चुपचाप सिर थामे बैठे थे। जैसे कुछ हुआ ही नहीं। मेरा पोर-पोर दुख रहा था, उनका कोई भी हथकंडा जब मुझ पर नहीं चला तो वे सुबह होते ही अपने गाँव लौट गए थे।

मेरा विश्वास और पुख्ता हो गया था कि ये सब ढोंगबाजी है, जहाँ

आस्था के सामने तर्क कोई मायने नहीं रखता था। न जाने कितने लोग इन भगतों ने मार डाले। मेरे दो भाई बिना दवा-दारू और सही इलाज के चल बसे थे। जगदीश की उम्र मुश्किल से सत्रह-अठारह बरस रही होगी। शरीर से हट्टे-कट्टे जगदीश ने दूसरे दिन बुखार में ही दम तोड़ दिया था। ऐसे ही सुखबीर 24-25 वर्ष के रहे होंगे, जब गुजर गए थे।

हर साल बस्ती में एक-दो मौतें इसी तरह हो जाती थीं। फिर भी इन देवताओं और भगतों के प्रति आस्था कम नहीं होती थी।

पूजा के लिए मारा गया सूअर और शराब किसी उत्सव से कम नहीं होता था। दो घूँट गले से उतरते ही आदमी हवा में उड़ता था। वह शराब अक्सर कच्ची ही होती थी जो घरों में ही तैयार हो जाती थी। कभी-कभार छपार या पुरकाजी के ठेके से भी देसी बोतल मँगा लेते थे।

शराब पीकर आपस में लड़ना-झगड़ना, गाली-गलौज, मारपीट आम बात थी। छोटी-छोटी-सी बातों में आपसी रंजिश इतनी बढ़ जाती थी कि सिर-फुटौवल हो जाए।

ऐसी थी जिन्दगी। वे दिन मेरे महत्त्वपूर्ण दिन थे। उन दिनों, मैं उनसे भागना चाहता था। आज वे मेरी ताकत हैं जो मुझे हौसला देते हैं।

गाँव में पश्चिम में एक बड़े से जोहड़ के किनारे ऊँचे चबूतरे पर माता का एक मन्दिर था। जोहड़ में जलकुम्भियों का साम्राज्य था। किसी जमाने में यह मन्दिर का चबूतरा एक बड़े विशाल वट-वृक्ष के नीचे था जो तीन ओर से तगाओं के मकानों से घिरा था।

इस मन्दिर में आषाढ़ के महीने में विशेष पूजा होती थी जिसका इन्तजार हमारी बस्ती के लोग पूरे वर्ष करते थे। मन्दिर में चढ़नेवाला चढ़ावा बस्ती के लोग ही लाते थे। चढ़ावे में होते थे कपड़े, चुनरियाँ, चूड़ियाँ, पैसे, पूरी, मालपुए, हलवा, बताशे, कभी-कभार एक-आध चाँदी का छल्ला या अँगूठी जिसे लेकर बस्ती के लोगों में मारपीट भी हो जाती थी।

इस मन्दिर में आसपास के गाँव की स्त्रियाँ, बच्चे, लड़कियाँ बैलगाड़ियों

में लद-लदकर आते थे मनौतियाँ पूरी करने। इस मन्दिर के प्रति लोगों के मन में अगाध श्रद्धा थी।

बस्ती के लोग चढ़ावे पर गिद्ध की तरह झपटते थे। गाँव के बड़े-बुजुर्गों ने मिलकर रास्ता ढूँढ़ लिया था, मन्दिर के चढ़ावे को तीन-चार लोग मिलकर इकट्ठा कर लेंगे और बस्ती में जाकर बाँट लेंगे। पहली बार जब इस फैसले को लागू किया तो मालपुओं और पूरियों का ढेर लग गया था।

माता की इस पूजा का बस्ती में एक और महत्त्व था। माता के नाम पर सूअर के बच्चे, मुर्गे और बकरे चढ़ाने की परम्परा थी। बस्ती के प्रत्येक घर में इस अवसर के लिए मुर्गे और सूअर के बच्चे पाले जाते थे जिनसे थोड़ी-बहुत आमदनी हो जाती थी। जर्जर हालत में थोड़ा सहारा मिल जाता था।

उस साल हमारे घर में आठ-दस सूअर के बच्चे थे जिनमें से अधिकांश बिक गए थे। घर के सभी लोग व्यस्त थे। पिताजी और जनेसर सुबह से ही ग्राहकों को बच्चा मारकर, दूण कर, काट-छाँटकर देने में लगे थे।

अचानक खाइखेड़ी से एक व्यक्ति आया था। एक बच्चा उसने मुँहमाँगे दामों में खरीद लिया था। लेकिन उसे बच्चे की बलि मन्दिर के सामनेवाले बगीचे में देनी थी जहाँ उसके परिवार के और लोग भी आकर ठहरे हुए थे। पिताजी और जनेसर जा नहीं पा रहे थे, क्योंकि घर पर ही इतना काम फैला हुआ था कि छोड़कर जाना भी मुश्किल था।

पिताजी ने बच्चे के पाँव और मुँह रस्सी से बाँध दिए थे। फिर भी उसके मुँह से घिघियाहट निकल रही थी। स्कूल की छुट्टी थी। मुझे पिताजी और जनेसर के काम में हाथ बँटाना पड़ रहा था। पिताजी ने बँधे हुए बच्चे को मेरे कन्धे पर रख दिया। मैं हैरानी से पिताजी की ओर देख रहा था। लेकिन पिताजी ने मुझे जबरन उनके साथ कर दिया। वे मेरी हिचकिचाहट पर नाराज थे।

आठ-दस किलो के बच्चे को कन्धे पर रखकर चलना मेरे लिए भारी पड़ रहा था। वह व्यक्ति मेरे आगे-आगे तेज चल रहा था। बोझ के कारण मेरी चाल धीमी थी। बगीचा घर से काफी दूर था।

बगीचे तक जाते-जाते मेरे हाथ-पाँव सुन्न हो गए थे। बगीचे में कई

बैलगाड़ियाँ खड़ी थीं। आठ-दस औरतें ढोलक पर माता के गीत गा रही थीं। कुछ लोग झुंड बनाकर हुक्का गुड़गुड़ा रहे थे। बच्चे खेलकूद में मग्न थे।

सूअर के बच्चे की चीं-चीं सुनते ही खेल छोड़कर तमाम बच्चे मेरे इर्द-गिर्द जमा हो गए थे। वे सब उस बँधे हुए बच्चे को ताज्जुब से देख रहे थे।

उस व्यक्ति ने अपनी पत्नी को आवाज दी। वह एक थाली में हल्दी, चावल लेकर आई। एक स्त्री ने जमीन पर गोबर लीप दिया था। दूसरी ने आटे से उस पर आड़ी-तिरछी रेखाओं से चौकोर क्षेत्र पूरा कर दिया था।

उस व्यक्ति ने बँधे हुए बच्चे को उठाकर उस जगह पर रख दिया था, उसकी पत्नी ने बच्चे के कान और माथे पर हल्दी-चावल के अक्षत लगाकर माता की जयकार की, जिसे सभी ने ऊँची आवाज में दोहराया।

उस व्यक्ति ने मुझसे कहा, "लो छुरी और करो शुरू...माता का नाम लेकर।" मेरे लिए यह क्षण किसी भयानक विस्फोट से कम नहीं थे। मैंने यह काम कभी नहीं किया था। पिताजी को यह सब करते देखा अवश्य था। वैसे भी मुझे ये सब काम बेहद घिनौने लगते थे। मेरे हाथ काँप रहे थे।

मुझे चुप देखकर वह व्यक्ति गुर्राया, "अबे करता क्यूँ नहीं ?"

मैंने उससे कहा, "आप ही कर लो...मुझसे होगा नहीं ?"

"नहीं होगा...तेरा मतलब क्या है? हमने पैसे दिए हैं। यो तो तैन्ने करना ही पड़ेगा।" उसकी आँखों में गुस्सा उतर आया था। मैंने अपने आपको सँभालने की कोशिश की, लेकिन साहस ही नहीं हो रहा था। वह आदमी फिर गुर्राया।

मैंने काँपते हाथों से छुरी उसके सीने पर रखकर दबाई। वह जोर से चीखा। मेरी आँखें बन्द हो गई थीं। थोड़ा-सा दबाव बढ़ाया तो वह उसके सीने में उतर गई, लगभग एक इंच। खून का फव्वारा फूटा। उस व्यक्ति ने चिल्लाकर कहा "और घुसाओ..." लेकिन छुरी आगे ही नहीं बढ़ रही थी। उस व्यक्ति ने छुरी की मूठ पर दबाव बढ़ा दिया था अपने हाथ से।

लहू से मेरे कपड़े, हाथ, मुँह भीग गए थे। उस व्यक्ति ने एक बर्तन में लहू इकट्ठा कर लिया था।

बच्चा अभी भी चीख रहा था। छुरी उसके दिल को छेद चुकी थी लेकिन वह मरा नहीं था। वे सब मेरा मुँह ताक रहे थे। मैं बदहवासी में छुरी पकड़े हुए था जो बच्चे के सीने में धँसी हुई थी।

जब काफी देर तक उसके प्राण नहीं निकले तो उन लोगों ने उसे घास-फूस की धधकती आग में रख दिया था। आँच लगते ही वह बच्चा चीखा था। उस क्षण मुझे ऐसा लगा था, जैसे मेरे बदन में जलने से फफोले उभर आए हैं। अचानक मैं वहाँ से भाग खड़ा हुआ था।

सीधे घर पहुँचकर ही दम लिया था। पिताजी अभी भी किसी ग्राहक को एक बच्चा पकड़कर दे रहे थे। जब तक वे मुझसे कुछ पूछते, मैं अन्दर माँ के पास पहुँच गया था। माँ ने मेरा हाल देखा, तो घबड़ा गई। माँ की गोद में सिमटकर मैं रो पड़ा था। माँ ने उस रोज न सँभाला होता तो शायद मेरे दिमाग की नसें फट जातीं। पीड़ा और ग्लानि के जिस भँवर में मैं उस क्षण उलझ गया था, उसने बहुत गहरे तक झकझोर दिया था मुझे।

माँ और पिताजी में इस बात को लेकर झगड़ा हुआ था। तू-तू, मैं-मैं के साथ नौबत मारपीट की आ गई थी। माँ ने साफ शब्दों में कह दिया था, ''ओम प्रकाश यह काम नहीं करेगा!'' माँ ने जिस दृढ़ता से कहा था, पिताजी गुस्से से बाहर निकल गए थे। शायद वे वहीं गए थे, जहाँ मैं अधूरा काम छोड़कर भाग आया था। ''उनसे पैसे लिये हैं तो उनका काम पूरा करके देना है।''—यह पिताजी का तर्क था। जबान की बात थी।

मैं कई दिनों तक सहज नहीं हो पाया था।

त्यागी इंटर कॉलेज की इमारत गाँव से बाहर थी। मुजफ्फरनगर जानेवाली पक्की सड़क पर एक टीला था जिसे समतल करके कॉलेज की इमारत खड़ी की गई थी। अब इस कॉलेज का नाम 'बरला इंटर कॉलेज, बरला' गाँव है। चारों ओर लहलहाते हरे-भरे खेत हैं। उत्तर में बरला गाँव है तो दक्षिण में छपार, पूर्व में ताजपुर और पश्चिम में नगला गाँव स्थित है। कॉलेज की भव्य इमारत आकर्षित करती है जिसके दोनों किनारे गोलाई लिये

हुए हैं। पृष्ठ भाग अंग्रेजी के 'ई' आकार का दिखाई पड़ता है। प्रारम्भ में यह एक मंजिली इमारत थी। बाद में ऊपरी मंजिल का निर्माण हुआ था। खुली स्वच्छ हवा और वातावरण। विशेष रूप से सर्दी के दिनों में सभी कक्षाएँ धूप में लगती थीं।

अच्छा बड़ा खेलने का मैदान था। इमारत के सामने भी खुला हरा-भरा प्रांगण था। प्रतिदिन कॉलेज शुरू होने से पहले इसी प्रांगण में सामूहिक प्रार्थना के लिए सब एकत्र होते थे। पन्द्रह अगस्त और छब्बीस जनवरी को इसी प्रांगण में झंडा फहराया जाता था। इसी झंडे के सामने प्रत्येक कक्षा के छात्र पंक्तिबद्ध खड़े होते थे सामूहिक प्रार्थना के लिए।

फूल सिंह त्यागी पी.टी. मास्टर थे। स्वभाव से गुस्सैल। जबान भद्दी। हर वक्त नाक चढ़ी रहती थी। बात-बात में गाली देना एक खास आदत थी। लकड़ी की तीली से दाँत कुरेदते रहते थे। पी.टी. के अलावा कभी-कभी हिन्दी भी पढ़ा देते थे। पढ़ाते क्या थे, पाठ रटाते थे। एन.सी.सी. के इंचार्ज भी वही थे। सभी छात्र भयभीत रहते थे। उनका डर साए की तरह पीछा करता था।

कक्षा में घुसते ही वे प्रत्येक छात्र को आतंकित कर देते थे। कक्षा में कोई जरा भी हिला, घंटों के हिसाब से मुर्गा बनना पड़ता था। थप्पड़, लात, घूँसे आम बात थी, उनके करीब खड़ा होने में भी डर लगता था। कब हाथ-पाँव चलने लगे, कोई भरोसा नहीं था। उनके सामने हर किसी की घिग्घी बँध जाती थी।

एक रोज प्रार्थना के समय वे कुछ ज्यादा ही क्रुद्ध थे। हमारी कक्षा का मॉनीटर राम सिंह था जो सबसे आगे था। उसके पीछे मैं था और मेरे पीछे सुरजन सिंह। सुरजन सिंह मेरे मामा का लड़का था।

उम्र में मुझसे कई वर्ष बड़ा था। लेकिन नौवीं कक्षा में हम दोनों एक साथ थे।

हमारी पंक्ति के दाहिने दसवीं कक्षा के छात्र खड़े थे जो काफी शरारती थे। राम सिंह ने उन्हें टोका। फूल सिंह त्यागी सामने अध्यापकों के साथ खड़े थे। उन्हें लगा, राम सिंह कुछ शरारत कर रहा है। वे राम सिंह पर चिल्लाए,

"अबे, काले दरोगा (वे राम सिंह को इसी नाम से पुकारते थे) सीधा खड़ा रह...वरना पीट-पीटकर टेढ़ा कर दूँगा।"

उनके 'काला दरोगा' सम्बोधन पर हँसी का सामूहिक फव्वारा फूट पड़ा, जिससे मास्टर फूल सिंह और ज्यादा चिढ़ गए। हँसे तो सभी थे लेकिन मास्टर फूल सिंह मेरे पीछे खड़े सुरजन सिंह पर पिल पड़े। लात-घूँसों की बौछार अप्रत्याशित थी।

वे सुरजन सिंह को बेरहमी से पीट रहे थे। लगता नहीं था कि एक अध्यापक अपने छात्र को सजा दे रहा है। लगता था कोई जालिम गुंडा किसी निर्दोष को पीट रहा है। सुरजन सिंह जमीन पर गिर पड़े थे। वे लगातार घूँसे और लात चला रहे थे।

उस समय का एक संवाद काँच पर खींच दी गई लकीर-सा अभी तक मेरी स्मृति में गूँज रहा है।

"अबे, साले, चूहड़े की औलाद, जब मर जाएगा, बता देना। बहुत हीरो बणे हैं, आज काढूँगा (निकालूँगा) तेरी जुल्फों से तेल।"

मास्टर फूल सिंह थक गए थे सुरजन सिंह को पीटते-पीटते। सुरजन सिंह जमीन पर पड़ा था। उसके चेहरे पर गूमड़ उभर आए थे। शरीर नीले निशानों से भर गया था। सभी विद्यार्थी सुन्न खड़े थे। अध्यापक खामोशी से तमाशा देख रहे थे। प्रिंसिपल यशवीर सिंह त्यागी निरपेक्ष भाव से चुपचाप खड़े थे। कहीं कोई विरोध या प्रतिकार की भावना नहीं थी।

मेरा रोम-रोम भय से काँप रहा था। मेरे मन में दहशत भर गई थी। लग रहा था जैसे शरीर का तमाम रक्त किसी ने सोख लिया है। इस घटना के बाद अक्सर डरावने सपने आने लगे थे। हर पल डर समाया रहता था। इन दिनों में मैं अन्तर्मुखी होने लगा था। किसी से भी बात करने की इच्छा नहीं होती थी।

सुरजन सिंह पर जो बीती सो बीती, पर मेरी स्मृति में यह अमानवीय हादसा आज भी ताजा है, वैसी ही दहशत मेरी चेतना पर छाने लगती है। सुरजन सिंह की कोई गलती नहीं थी। फिर भी उसे पीटा गया। यदि हँसना अपराध था तो सभी हँसे थे। फिर सुरजन सिंह को ही सजा क्यों मिली?

सुरजन सिंह पूरे स्कूल, कॉलेज की आँखों में किरकिरी था। बचपन से ही वह देहरादून में रहा था। उसके रहन-सहन का तरीका, कपड़े दूसरों से भिन्न थे; बल्कि बेहतर थे। वह सभी की नजरों में खटकता था। अध्यापक हो या सहपाठी, सभी उससे चिढ़ते थे, एक चूहड़े के घर जन्म लेकर वह उनसे बेहतर कैसे हो सकता है?

इस घटना के बाद सुरजन सिंह का मन उखड़ गया था। उसका मन पढ़ाई से उचटने लगा था। हाईस्कूल बोर्ड की परीक्षा देते ही वह देहरादून लौट गया था।

फूल सिंह से बदला लेने का विचार उसके भीतर जन्म लेने लगा था, लेकिन इस विचार को सार्थक करने की स्थिति में वह नहीं था। समय की गति ने उसके घाव का दर्द कम कर दिया था।

ऐसे ही आदर्श शिक्षकों से पाला पड़ा था उस समय, बचपन से किशोर अवस्था की ओर बढ़ते हुए, जब व्यक्तित्व का निर्माण हो रहा होता है, तब ऐसे दहशत भरे माहौल में जीना पड़ा। इस पीड़ा का एहसास उन्हें कैसे होगा जिन्होंने घृणा और द्वेष की बारीक सुइयों का दर्द अपनी त्वचा पर कभी महसूस नहीं किया? अपमान जिन्हें भोगना नहीं पड़ा? वे अपमान-बोध को कैसे जान पाएँगे? रेतीले ढूह की तरह सपनों के बिखर जाने की आवाज नहीं होती। भीतर तक हिला देनेवाली सर्द लकीर खिंच जाती है जिस्म के आर-पार।

कभी-कभी लगता है जैसे क्रूर और आदिम सभ्यता में साँस लेकर पले-बढ़े हैं।

बृजपाल सिंह त्यागी बी. एस-सी. करते ही इंटर कॉलेज, बरला में अध्यापक हो गए थे और हमें विज्ञान पढ़ाते थे। कॉलेज के सभी प्रबन्धक त्यागी थे। बृजपाल सिंह त्यागी देवबन्द के पास एक गाँव के रहनेवाले थे। बरला में उनकी कई रिश्तेदारियाँ थीं। अध्यापक बनते ही उन्होंने हरे रंग की एक साइकिल खरीदी थी। उन दिनों साइकिल बहुत कम लोगों के पास

हुआ करती थी। कॉलेज के प्राचार्य यशवीर सिंह त्यागी भी साइकिल से ही कॉलेज आते थे।

किराए की साइकिल लेकर मैंने साइकिल चलाना सीखा था। कई बार गिरा, चोटें खाईं, लेकिन साइकिल चलाने का जुनून सवार था। हमारी बस्ती के पास आम के बगीचे थे जो खेल के मैदान से लेकर शादी-ब्याह तक के काम आते थे। बरात आकर इन बगीचों में ठहरती थी। मेरी पढ़ाई की शुरुआत का स्कूल, जिसे सेवकराम मसीह ने प्रारम्भ किया था, इसी बगीचे में लगता था। इसी बगीचे में मैंने साइकिल चलाना सीखा था। इन बगीचों को काटकर अब आवासीय मकान बन गए हैं। लेकिन मेरी स्मृति में अभी भी बगीचों की ढेरों यादें छिपी हैं।

बस्ती में बालकराम और भिक्खूराम दो भाई थे। बड़ा बालकराम इंटर कॉलेज में झाड़ू लगाने का काम करता था। छोटा भिक्खूराम उसकी मदद करता था। प्राचार्य ने उसे कक्षा में बैठने की अनुमति दे दी थी। इससे पहले उसकी पढ़ाई-लिखाई औपचारिक रूप से नहीं हुई थी। अपनी कक्षा के बच्चों से वह आठ-नौ वर्ष बड़ा था। मेहनत और लगन से वह पढ़ने लगा था। कॉलेज के अध्यापकों के कई निजी कार्य भी वह कर देता था।

एक दिन उसने कहा कि बृजपाल मास्टर के गाँव जाना है। उनके घर से गेहूँ का कट्टा लाना है। साइकिल से जाएँगे। वह चाहता था कि मैं उसके साथ चलूँ। मैंने पूछा, "साइकिल कहाँ से लोगे?" उसने कहा, "मास्टर बृजपाल की साइकिल से चलेंगे।" बृजपाल सिंह त्यागी की हरी साइकिल का नाम सुनते ही मैं रोमांचित हो गया था।

मैंने पिताजी से इजाजत माँगी तो उन्होंने हाँ कर दी थी। अगले रोज हम लोग सुबह ही निकल पड़े थे। बरला से देवबन्द का कच्चा रास्ता था। जिस पर साइकिल चलाना कठिन हो रहा था। कहीं-कहीं तो रेत इतनी ज्यादा थी कि पैदल भी साइकिल खींचना भारी पड़ रहा था। गुपाली के बाद नाला पार करते ही काली नदी का पाट शुरू हो गया था। नदी पार करने में भिक्खूराम ने साइकिल कन्धे पर उठा ली थी। देवबन्द से लगभग दो मील पक्की सड़क थी फिर गाँव का कच्चा रास्ता था। इसी पक्की सड़क पर आते ही भिक्खूराम

ने चलाने के लिए साइकिल मुझे दे दी थी। वह खुद कैरियर पर बैठ गया था। भिक्खूराम का वजन काफी था। फिर भी साइकिल चलाने के जोश में उसके वजन को भूल गया था।

धूप चढ़ने से पहले ही हम लोग बृजपाल सिंह के गाँव पहुँच गए थे। जब हम उनके घर पहुँचे तो सभी लोग खेतों पर जा चुके थे। घर में सिर्फ औरतें और बच्चे थे। काफी इन्तजार के बाद मास्टर बृजपाल सिंह के भाई आए। भिक्खूराम को वे अपने साथ अन्दर ले गए थे। शायद अनाज की कोठरी में। मैं बाहर चबूतरे पर ही बैठा था। साइकिल चबूतरे के नीचे गली में खड़ी कर दी थी।

कुछ देर बाद एक बुजुर्ग आए। चबूतरे पर पड़ी चारपाई पर लेटकर कन्धे की चादर सिर के नीचे रख ली थी। वे काफी दुबले-पतले थे। चेहरे की हड्डियाँ उभरी हुई थीं। उन्होंने किसी को आवाज दी। बृजपाल सिंह का भाई बाहर आया। हुक्के पर रखी ठंडी चिलम उतारकर ले जाने लगा तो बुजुर्ग ने पूछा, "यो कोण बैट्ठा है?" उनका इशारा मेरी ओर था।

"बरला से आया है। बिरिजपाल ने भेज्जा...गेहूँ लेणे आए हैं। एक भीत्तर है, कट्टे में गेहूँ भर रिया है।" भाई ने जवाब दिया।

बुजुर्ग ने मेरी ओर देखा, "बेट्टे, वहाँ क्यूँ बैट्ठा है...इँघे (यहाँ) आके चारपाई पे बैठ जा।"

"...बाबा जी, मैं यहीं ठीक हूँ।" मैंने उत्तर दिया।

"ना बेट्टे, यहाँ आके बैठ," उनकी जिद पर मैं उठकर चारपाई पर बैठ गया था।

"पढ़े है?" बुजुर्ग ने पूछा

"जी! दसवीं में हूँ।"

"म्हारा बिरजपाल पढ़ावे है?"

"जी...!"

बूढ़ा चुप हो गया था। थोड़ी खामोशी के बाद बोला, "म्हारे बिरजपाल कू तो कलेक्टरी मिल रही थी। वो नहीं मान्ना, अड़ गिया...मुझे तो मास्टर ही बणना है। देस में अच्छे मास्टरों की बहुत कमी है। हमने बी कह दिया...

जो जी में आए कर ले। यहाँ की फिकर मत करना। बाप-दादों की जमीन-जायदाद बहुत है। खेत्ती-बाड़ी है...।''

मैं उनका एकालाप सुन रहा था। वे बोले जा रहे थे—अपने बारे में, अपने परिवार के बारे में। जैसे यही दुनिया है। इससे बाहर कुछ नहीं।

बृजपाल सिंह के भाई ने बाहर आकर कहा, ''चलो, रोट्टी तैयार है। खा लो।'' मैंने इनकार कर दिया तो बोले, ''घर से बिना खाए जाओगे तो बरले में म्हारी क्या इज्जत रह जागी!''

उनके बहुत जोर देने पर मैं आधे मन से उठा। एक अजीब-सी मन:स्थिति थी। बैठक का दालान पार करते ही खुला आँगन था जिसके चारों ओर पक्की ईंटों के मकान थे। मकानों के आगे बरामदा था। एक बरामदे में गोबर से लिपे कच्चे फर्श पर पीतल की कलईदार दो थालियाँ रखी थीं। थालियों के नीचे एक किनारे पर एक-एक बड़ा-सा कंकड़ रखा था। थाली में गुड़, अचार था। बृजपाल सिंह के भाई ने भिक्खूराम और मुझे बैठने के लिए कहा। मैं डरते-डरते बैठ गया था। संकोच और भय दोनों एक साथ मेरे पर छाए हुए थे। थाली के नीचे कंकड़ का रहस्य खोला पतली दाल ने जो थाली में परोसी जा चुकी थी। पतली दाल पूरी थाली में न फैल जाए इसलिए नीचे कंकड़ लगाया गया था। गरम-गरम फुलकों की महक नाक से फेफड़ों तक उतर गई थी। इस तरह बैठकर खाना खाने का यह पहला मौका था, वह भी किसी तगा के घर में। वे बहुत प्यार से खिला रहे थे फिर भी मेरा मन आशंकित था। भिक्खूराम ने डटकर फुलके खाए थे। मैं ठीक से खा नहीं पा रहा था।

जैसे-तैसे खाना खाकर हम लोग बाहर आ गए थे। भिक्खूराम बुजुर्ग के एकदम पासवाली चारपाई पर बैठ गया था। मैं थोड़ा फासले से खड़ा था। इस बीच एक और व्यक्ति वहाँ आ गया था। बुजुर्ग ने हुक्के की नली उसकी ओर बढ़ा दी। हुक्के की नली से धुआँ खींचते हुए उस व्यक्ति ने हम दोनों के विषय में बुजुर्ग से पूछताछ शुरू कर दी। बरला से आए हैं, सुनते ही उसने सवाल दागा था, ''कोण जात है?''

उसके सवाल का उत्तर दिया मैंने, ''चूहड़ा जात है।''

उन दोनों के मुँह से एक साथ निकला था, ''चूहड़ा?'' बुजुर्ग ने

चारपाई के नीचे पड़ी लाठी उठाकर तड़ से मार दी थी भिक्खूराम की पीठ पर। हाथ तगड़ा था। भिक्खूराम बिलबिला गया था।

बुजुर्ग के मुँह से अश्लील गालियों की बौछार होने लगी थी। आँखें भयानक लग रही थीं। दुबले-पतले शरीर में शैतान उतर आया था। उनके बर्तनों में आदर के साथ बैठकर खाना खाने, चारपाई पर बैठने का दु:साहस किया था, जो उनकी नजर में अपराध था। मैं सहमा हुआ चबूतरे से नीचे खड़ा था। बुजुर्ग चिल्ला रहा था जिसे सुनकर भीड़ जमा हो गई थी। कई लोगों की राय थी रस्सी से बाँधकर दोनों को पेड़ पर लटका दो।

बृजपाल सिंह के भाई ने बुजुर्ग को शान्त करने की कोशिश की। बुजुर्ग उसे भी गालियाँ बक रहा था। अतिथि-सत्कार का खोखलापन खुल गया था। अतिथि की जाति ही उसे आदर दिलाती है। वैसे भी आदर पाने का हमें अधिकार ही कहाँ था। मेरी आशंकाएँ सच हो गई थीं। किसी तरह हम लोग उनके चंगुल से बच गए थे।

गेहूँ का कट्टा हमें मिल गया था जिसे लेकर हम लोग गाँव से निकल पड़े थे। दोनों चुपचाप थे। कच्चे रास्ते पर साइकिल को खींचना पड़ रहा था। सड़क पर आते ही हम लोग साइकिल पर सवार हो गए। भिक्खूराम मुझसे सख्त नाराज था बल्कि गुस्सा भी जाहिर कर चुका था। उसे शिकायत थी कि इस पूरे बावेले का जिम्मेदार मैं हूँ। मुझे क्या पड़ी थी सच बोलने की! झूठ बोलकर अच्छा खाना मिला। इज्जत मिली और सच बोलकर लाठी खाई। बेइज्जती हुई।

जाति के नाम पर जो खरोंच मिली उन्हें भरने के लिए युग भी कम पड़ेंगे। साइकिल का एक-एक पैडल मन-भर का लग रहा था। कच्चे रास्ते के बजाय हम लोग देवबन्द से सीधे रोहाना, रामपुर तिराहा, छपार होकर बरला पहुँचने के लिए चल पड़े थे। रास्ता लम्बा था। लेकिन पक्की सड़क थी। गेहूँ और हम दोनों का वजन भी साइकिल को ढोना था।

काली नदी के बावन दरे पुल पर हम लोग सुस्ताने के लिए रुके थे कुछ देर। अभी भिक्खूराम ही साइकिल चला रहा था। पुल से मुझे चलानी थी। भिक्खूराम आगे डंडे पर बैठ गया। साँझ होने में ज्यादा देर नहीं थी। अँधेरे से पहले हम लोग बरला पहुँच जाना चाहते थे।

लेकिन उस रोज गर्दिश ने अपना रंग दिखाया था। राह चलता एक आदमी हमारी साइकिल से टकरा गया। मैं सँभाल नहीं पाया। साइकिल समेत हम गिर पड़े थे। हम दोनों तो बच गए लेकिन साइकिल के अगले पहिए पर सामने से आती बैलगाड़ी का पहिया उतर गया। साइकिल का रिम और फ्रेम का अगला चिमटा मुड़कर दोहरे हो गए। दुर्घटना जिस तरह हुई, हम ताकते रह गए। विवश खड़े साइकिल को देख रहे थे।

आसपास कोई दुकान नहीं थी। एक रिक्शाचालक खाली रिक्शा लेकर आ रहा था। उसमें साइकिल रखी। गेहूँ का कट्टा रखा और हम दोनों बैठ गए। मेरे पास एक भी पैसा नहीं था रिक्शावाले को देने के लिए। भिक्खू के पास जो थे उसने दे दिए। रिक्शावाले ने हमें मुजफ्फरनगर के बाजार में साइकिल मरम्मत की दुकान पर छोड़ दिया था।

साइकिल की मरम्मत की दुकान पर मिस्तरी ने रिम और चिमटा सीधा कर देने का आश्वासन तो दिया। लेकिन दो लोग बैठकर नहीं जा पाओगे, कहकर हमारी तकलीफें बढ़ा दीं। दोनों एक-दूसरे का मुँह ताकने लगे। मिस्तरी को कट्टे में से पाँच किलो गेहूँ देकर पीछा छुड़ाया था किसी तरह। दोनों की जेबें खाली थीं।

रात हो गई थी। पैदल गाँव पहुँचना मुश्किल था। साइकिल और गेहूँ लेकर बस अड्डे की ओर चल दिए। आखिरी बस खड़ी थी। भीड़ बहुत थी। यह सोचकर आए थे, कोई पहचान का मिलेगा तो किराया माँग लेंगे। लेकिन कोई नहीं मिला।

भिक्खूराम को याद आ गया। मास्टर वेदपाल त्यागी मास्टरी छोड़कर रोजवेज में क्लर्क हो गया था। वह मुझे वहीं छोड़कर, उसे ढूँढ़ने चला गया था। संयोग से वह मिल भी गया था। लेकिन उस बस में जगह नहीं थी। दोनों में से सिर्फ एक को किसी तरह भेजा जा सकता था। भिक्खूराम ने साइकिल और गेहूँ बस की छत पर चढ़ा दिए थे, और स्वयं बस में चढ़ने लगा था। मैंने उससे पूछा, "मैं कैसे आऊँगा ?"

"मैं तो जा रहा हूँ, तुम कल सुबह की बस से आ जाना। मास्टर वेदपाल दफ्तर में बैठा है। वह सुबह तुम्हें बस में बैठा देगा।" भिक्खूराम से

जब तक मैं कुछ कहूँ, कंडक्टर ने सीटी बजा दी। बस की घरघराहट में मेरी आवाज दबकर रह गई। बस-अड्डे पर मैं अकेला खड़ा रह गया था। आखिरी बस के छूटते ही बस-अड्डा सुनसान होने लगा था। मेरी जेब में एक भी पैसा नहीं था। न शहर में किसी को पहचानता था। अजीब साँसत में जान फँस गई थी। मैं बस-अड्डे के बुकिंग दफ्तर की ओर चल दिया। एक कमरे में झाँककर देखा, मास्टर वेदपाल बैठा हिसाब लिख रहा था। 'त्यागी इंटर कॉलेज' में वह मास्टर रह चुका था। मैंने साहस बटोरते हुए कहा, "मास्साहब, भिक्खूराम तो चला गया। मैं भी उसी के साथ था..." मुझे रुकने का इशारा करके वे अपने हिसाब में लगे रहे। मैं वहीं दरवाजे के पास खड़ा उनका इन्तजार करता रहा।

काफी देर बाद वे बाहर आए, "चलो, सुबह की पहली बस में बैठा देंगे।"

मैंने डरते-डरते कहा, "मास्साहब, मेरे पास किराए के पैसे नहीं हैं।"

उन्होंने साथ चलने का इशारा किया। मैं उनके पीछे-पीछे चल रहा था। खुद को बेहद कमजोर और डरा हुआ मान रहा था। वे एक चाय की दुकान में ले गए थे मुझे। एक चाय और बन्द मेरे लिए मँगाया था। खुद वे दूध पी रहे थे। उस वक्त चाय और बन्द मेरे लिए किसी पकवान से कम नहीं था। भूख लगी थी। लेकिन डर और शहर में अकेले रह जाने की पीड़ा के आगे भूख कमजोर पड़ गई थी।

छोटे-से कमरे में दो चारपाइयाँ पड़ी हुई थीं। खूँटियों पर एक-दो कपड़े टँगे थे। और कोई सामान वहाँ नहीं था। "जाओ, उस चारपाई पर लेट जाओ। सुबह छह बजे की बस में बैठा दूँगा। साढ़े छह बजे तक घर पहुँच जाओगे।" उसने मुझे आश्वस्त कर दिया था। शायद मेरी घबराहट वह भाँप गया था।

नंगी चारपाई की रस्सी चुभने का एहसास भी उस वक्त मुझे नहीं था। मास्टर वेदपाल कपड़े बदलकर दूसरी चारपाई पर लेट गया था।

अभी दस-पन्द्रह मिनट भी नहीं हुए थे, किसी ने आवाज लगाई। वेदपाल मास्टर ने दरवाजा खोला। बाहर एक व्यक्ति और स्त्री खड़े थे। वेदपाल ने उन्हें अन्दर बुला लिया। स्त्री अन्दर आ गई थी। उन्हें देखकर मैं

भी उठकर बैठ गया था। स्त्री चुपचाप एक ओर खड़ी थी। वेदपाल और वह व्यक्ति बाहर बरामदे में कुछ खुसुर-फुसुर कर रहे थे। कुछ देर बाद वेदपाल ने अपनी चारपाई उठाई और बाहर बरामदे में डाल ली। मुझे भी बाहर आने के लिए कहा, ''रात भर की तो बात है फर्श पर लेट जाओ। ये लोग अचानक आ गए हैं।'' मैं बाहर बरामदे में लेट गया था, नंगे फर्श पर। नींद तो कोसों दूर थी। ऊपर से मच्छर बहुत थे।

वेदपाल चारपाई पर लेट गया था। वे दोनों अन्दर थे। थोड़ी देर बाद ही भीतर से अजीब-अजीब-सी आवाजें आने लगीं। चारपाई के चरमराने की आवाज अलग से आ रही थी। मैं उन आवाजों को समझने की कोशिश करने लगा। अजीब-सा माहौल बन गया था।

कुछ देर बाद सब कुछ शान्त हो गया था। वह व्यक्ति कमरे से बाहर आ गया था। वेदपाल की चारपाई पर बैठते हुए बोला, ''माल बढ़िया है, जा ऐश कर...'' उसने बीड़ी सुलगा ली थी।

वेदपाल कमरे में चला गया था। थोड़ी देर बाद फिर वही आवाजें आने लगी थीं। मेरी साँस तेज हो गई थी तथा कुछ-कुछ समझ में भी आने लगा था। मेरा जिस्म ऐंठने लगा था। लेकिन दम साधे फर्श पर लेटा हुआ था। वे लोग समझ रहे थे जैसे मैं सो गया हूँ। घुटी-घुटी साँसें और जंगली जानवर के स्वर-सी घों...घों ध्वनि के साथ लयबद्ध चारपाई की चरमराहट स्त्री-पुरुषों की खास क्रिया का संकेत कर रही थी, जो मेरे लिए अभी तक रहस्य बनी हुई थी।

आवाजें थम गई थीं। वेदपाल बाहर आ गया। दोनों अश्लील मजाक कर रहे थे। उस व्यक्ति ने मेरी ओर इशारा करते हुए कहा, ''ये लौंडा कोण है? इसे भी भेज दे यार...यो भी चख लेगा स्वाद...'' वे दोनों खिलखिलाकर हँसे थे। मैंने और साँस खींच ली थी।

पूरी रात इसी प्रकार बीत गई थी। कभी वेदपाल अन्दर तो कभी उसका दोस्त। औरत पर क्या गुजर रही होगी, उस वक्त मैं अन्दाज भी नहीं लगा सकता था। कमरे में क्या चल रहा है, देख पाना मेरे लिए मुश्किल था। क्योंकि उन दोनों में से एक बाहर रहता था। आज उस स्त्री के बारे में सोचता

हूँ तो जी मिचलाने लगता है। किस मजबूरी में आई होगी इनके पास? शौक के लिए या खुशी में? दो-दो पुरुषों को समर्पित हो जाना किसी स्त्री का, आज भी मेरा मन मानने को तैयार नहीं है।

सुबह पाँच बजे मास्टर वेदपाल मुझे बस-अड्डे पर ले आया था। पहली बस में बैठा दिया था।

घर पहुँचते ही पिताजी का कोप सहना पड़ा था। भिक्खूराम ने रात ही में पूरी कहानी उन्हें सुना दी थी।

वेदपाल के कमरे पर बिताई रात ने मुझे काफी दिन परेशान किया। बृजपाल सिंह त्यागी की नई नवेली साइकिल की जो हालत हो गई थी, उसका डर अलग से मन में समाया हुआ था। मैंने भिक्खूराम से कहा था कि मेरा नाम बृजपाल सिंह को न बताए वरना वह कक्षा में ही मेरी पिटाई कर देगा। 'त्यागी इंटर कॉलेज, बरला' में मास्टर लड़कों को लात-घूँसों से पीटते थे। ये लात-घूँसे एक अध्यापक नहीं बल्कि किसी बदमाश गुंडे के होते थे। भला गुरुजन अपने शिष्यों को इस निर्दयता से पीट सकते हैं!

मुजफ्फरनगर की घटना मेरे मन में हमेशा सवाल बनकर खड़ी रही। बारह-तेरह वर्ष की उम्र का यह अनुभव मेरे लिए पीड़ादायक रहा है। क्षण भर के लिए देखी उस स्त्री की छवि बार-बार आँखों के सामने आ जाती है जिसे दो भेड़िए रात भर झिंझोड़ते रहे। सुबह तक उसमें कुछ बचा भी था या नहीं, यह मेरे लिए हमेशा सवाल ही रहा।

बृजपाल सिंह की साइकिल का चिमटा और रिम टूट जाने की चर्चा पूरे इंटर कॉलेज में थी। भिक्खूराम ने मेरा नाम छिपा लिया था। फिर भी बृजपाल सिंह त्यागी को देखते ही मेरी घबराहट बढ़ जाती थी। उनकी कक्षा में भी मैं सहज नहीं हो पाता था। हर समय डर समाया रहता था कि भेद अब खुला।

विज्ञान के साथ-साथ बृजपाल सिंह हमें गणित भी पढ़ाने लगा था। वार्षिक परीक्षा से पहले उसने कक्षा में कहा था, "किसी भी विद्यार्थी को कुछ पूछना हो या शंका हो तो बिना हिचक पूछ सकता है। घर में आ सकता है। मैं चाहता हूँ, मेरी कक्षा का हर विद्यार्थी अच्छे अंक लाए।"

मैंने एक दिन स्टाफ रूम में जाकर उनके सामने अपनी समस्या रखी।

उस वक्त उन्होंने मुझे टाल दिया। अगले दिन रविवार को घर आने के लिए कहा।

रविवार की सुबह मैं किताब-कॉपी लेकर उनके घर गया। वे दुमंजिले मकान की ऊपरी मंजिल पर रहते थे। मकान उनके जीजा का था, जो नीचे की मंजिल में थे। जब मैं वहाँ पहुँचा, वे रसोई में अपनी बीवी के साथ कुछ बना रहे थे। मुझे देखते ही बोले, "अपनी किताबें सामने मुँडेर पर रख दो, इस कनस्तर में गेहूँ है, जरा इन्हें पिसाकर ले आओ। तब तक मैं खाली हो जाऊँगा।"

चक्की काफी दूर थी। कनस्तर भारी था। चक्की तक ले जाना मुश्किल पड़ रहा था। फिर भी पिसाकर ले आया। जब वापस लौटा तो वे कहीं बाहर जा चुके थे। मैंने उनकी पत्नी से पूछा तो बोली, "पता नहीं किंघ्धे (कहाँ) कू लिकड़गे (निकल गए)! बता के नहीं गए।"

मैं बैठा इन्तजार करता रहा, उसकी पत्नी काम में लगी थी। जब काफी देर हो गई तो बोली, "कुछ काम था क्या?"

मैंने कहा, "हाँ, गणित के सवाल पूछने थे...।" वह फिर अपने काम में लगी रही।

इन्तजार करके मैं लौट आया। मन में गहरी कड़वाहट भर गई थी। गेहूँ पिसाने के लिए भेजकर खुद खिसक लिये। बेकार समय भी बरबाद किया। कई रोज मन में एक घुटन-सी भरी रही। घर में ऐसा कोई नहीं था जो मदद करता।

सुक्खन सिंह के साथ बैठकर उन सवालों के हल निकाले थे। उसके बाद अपने मन को पक्का कर लिया था कि अब ऐसे अध्यापकों के पीछे चक्कर नहीं काटने हैं। उनकी बड़ी-बड़ी बातें मात्र दिखावा थीं—अपने निजी कार्य करा लेने में उन्हें संकोच नहीं था। लेकिन जब हमें मदद की जरूरत होती थी तो कन्नी काट जाते थे या कोई काम निकल आता था। किसी न किसी रूप में 'जाति' बीच में आ जाती थी। प्रायोगिक परीक्षाओं में अक्सर कम अंक मिलते थे जबकि लिखित परीक्षा में अच्छे अंक आते थे।

दसवीं कक्षा की बोर्ड की परीक्षा थी। हिन्दी और अंग्रेजी के पर्चे हो चुके थे। अपनी बस्ती से ही नहीं बल्कि आसपास के गाँव में भी मैं अपनी 'जाति' में पहला विद्यार्थी था जो हाईस्कूल की परीक्षा दे रहा था। सबकी निगाह मुझ पर टिकी थी। स्वयं ही जिम्मेदारी का एहसास होने लगा था।

गणित के पर्चे से पहले एक दिन मिल गया था तैयारी के लिए। सुबह आठ-साढ़े आठ का समय रहा होगा। बस्ती में शान्ति थी। बूढ़ों और बच्चों को छोड़कर सभी अपने-अपने काम-धन्धों पर जा चुके थे। अपने घर में मैं अकेला था।

फौज सिंह त्यागी, जिसे गाँव में सभी फौजा कहते थे, कन्धे पर लम्बा-सा लट्ठ धरे मेरे सामने आकर खड़ा हो गया। बोला, "अबे चूहड़े, ये क्या कर रहा है?"

"बोर्ड की परीक्षाएँ हैं, कल गणित का पर्चा है," मैंने धीमे स्वर में कहा।

"रात को पढ़ लियो... अब मेरे साथ चल, ईख बोना है।" फौजा ने आदेश दिया। मैंने उससे बहुत कहा कि मुझे पढ़ना है, कल मेरा पेपर है, लेकिन वह नहीं माना। जबरदस्ती बाँह पकड़कर खींचते हुए खेत पर ले गया। डरा-धमकाकर काम पर लगा दिया। गालियों की बौछार में मेरा मस्तिष्क दहकने लगा। मेरे भीतर आग भर गई थी उस रोज। त्यागियों के ये जुल्म मेरी स्मृति में बहुत गहरे तक भरे हुए हैं जिनकी तपिश में मैं अनेक बार झुलसा हूँ।

पूरी दोपहर ईख बोता रहा। मेरे ही जैसे आठ-दस लोग और थे जिन्हें बेगार के लिए पकड़कर लाया गया था।

फौजा की माँ दोपहर का खाना लेकर आई थी। खेत में शीशम का एक पेड़ था। उसके नीचे वह खाना लेकर बैठ गई। उनके परिवार के कई लोग थे जो पेड़ की छाँव में बैठे थे।

सभी को खाना खाने के लिए बुलाया गया। बेगार करनेवाले धूप में ही बैठ गए थे। पेड़ की छाँव उनके लिए बची ही नहीं थी। उन्हें दो-दो रोटी और आचार का एक-एक टुकड़ा ऐसे दिया जा रहा था जैसे कोई भिखारी को भी नहीं देता। मैं दूर खड़ा यह सब देख रहा था। मैंने रोटी लेने से इनकार कर

दिया। फौजा चिल्ला रहा था। गालियाँ दे रहा था। लेकिन मैं अपनी जगह खड़ा रहा। मेरे भीतर विरोध जन्म ले चुका था, "अबे चूहड़े के...आजा...दो अच्छर क्या पढ़ लिये, सोहरे का दिमाग चढ़ गिया है...अबे, औकात मत भूल..." फौजा का एक-एक शब्द मेरे जिस्म में एक साथ हजार-हजार दंश भर रहा था।

आखिर फौजा की माँ ने मुझे आवाज दी, "खजूरीवाली के आजा...रोट्टी खा ले..." मेरी माँ को सब खजूरीवाली ही कहकर बुलाते थे। शायद असली नाम तो वह भी भूल चुकी थी। सहारनपुर जिले में हिंडन नदी के किनारे खजूरी नाम का एक गाँव है जो मेरी ननिहाल है।

उनके आवाज देने से मैं उनके पास आ गया था। उन्होंने रोटियाँ मेरे हाथ पर बहुत ऊपर से छोड़ी थीं। कहीं उनका हाथ मेरे हाथ को छू न जाए। यह तरीका मेरे लिए अपमानजनक था। मैंने वे रोटियाँ उनके सामने फेंक दीं और घर की ओर दौड़ पड़ा। फौजा मुझे मारने दौड़ा था। लेकिन पकड़ नहीं पाया था।

घर लौटकर पिताजी को बताया तो वे आग-बबूला हो गए थे। वे मुझे कोई भी काम करने नहीं देते थे। बस, पढ़ाई करो। कहते थे, पढ़-लिखकर अपनी 'जाति' सुधारो। उन्हें पता नहीं था पढ़-लिखकर जातियाँ नहीं सुधरतीं। वे सुधरती हैं जन्म से।

पिताजी लाठी उठाकर फौजा से लड़ने चल दिए थे। माँ ने बड़ी मुश्किल से उन्हें रोका था।

पूरी बस्ती में इस घटना का असर हुआ था। लोगों ने बेगार करने से मना करना शुरू कर दिया था। एक बदलाव की सुगबुगाहट शुरू हो गई थी।

गाँव के त्यागी मेरे खिलाफ हो गए थे। राह चलते तंग भी करने लगे थे।

इन हालात में हाईस्कूल की परीक्षा दी थी मैंने।

परीक्षा के दिनों में कई तरह की अड़चनें आती थीं। बिजली तो थी नहीं, ढिबरी या लालटेन की रोशनी में पढ़ाई होती थी। बाण (रस्सी) वाली चारपाई पर बैठकर लालटेन किसी ऊँची-सी जगह पर रख लेते थे। आस-

पड़ोस में हो-हल्ला इतना था कि किताब में ध्यान एकाग्र नहीं हो पाता था। लड़ाई-झगड़ा तो साधारण-सी बात थी। एक-दूसरे को चिल्ला-चिल्लाकर उकसाया जाता था। औरत-मर्द के भेद को भुला दिया जाता था जब गालियों का प्रयोग होता था। रिश्ते भी गाली बन जाते थे।

कभी-कभी ढोल-ताशों का ऐसा कान फाड़ देनेवाला शोर होता था कि पढ़ना दूभर हो जाता था। शोर करने से मना करो तो झगड़ा शुरू। परीक्षा के दिनों में इस शोर ने बहुत परेशान किया। शोर करनेवालों को यह बात ही समझ में नहीं आती थी कि उनके गाने-बजाने से मेरी पढ़ाई में क्या अड़चन आ रही है। वे सुनकर मजाक उड़ाने लगते थे। पिताजी ने उन सबको बहुत समझाने की कोशिश की थी, लेकिन वे उलटे पिताजी को ही समझाने लगते थे—'क्यूँ लड़के को पढ़ा-लिखाकर निकम्मा बना रहे हो! न घर का रहेगा न बाहर का। पढ़े-लिखे तो वैसे भी बेवकूफ होते हैं।'

पिताजी की धारणा अलग थी। वे चाहते थे, मैं पढ़ूँ...बस, उनके मन में एक ही बात थी 'जाति सुधारने' की। यदि कभी मुझसे नाराज हो जाते तो किसी ईसाई का उदाहरण देते थे, जो बिना पढ़ाई-लिखाई के रह गया था और कोयले बेचता था।

बस्ती के लोगों में मेरा धीरे-धीरे उठना-बैठना कम होने लगा था। उनकी बातचीत में मुझे कोई रस नहीं मिलता था। मेरी उम्र के लड़के दिन भर आवारा घूमते थे, अक्सर बुलाते रहते थे। गरमी के दिनों में बस्ती के लड़के जंगल में, खेतों में खरगोश पकड़ने या जोहड़ में मछली पकड़ने पहुँच जाते थे। एक बार मैं भी उनके साथ चला गया था। सियार के दो बच्चे जो बेहद खूबसूरत थे, मुझे मिल गए थे। उन्हें उठाकर ले आया था। घर में जब उन बच्चों को पिताजी ने देखा तो बड़े नाराज हुए थे। उनका गुस्सा बहुत मुश्किल से शान्त हुआ था। उन बच्चों को मैंने टोकरे के नीचे बन्द कर रखा था।

रात में सियार हमारे घर के पास तक आ गए थे। पिताजी ने उनकी हलचल देख ली थी और बच्चों को उठाकर बाहर कर दिया था।

बस्ती के लोग मुझे चुप्पा कहते थे। शायद उनसे कम बोलता था इसलिए। उन्हें शिकायत रहती थी। उनके क्रिया-कलापों में भी मैं शामिल

नहीं होता था। किताबों में डूबे रहना पसन्द था। ऐसे ही दिनों में स्कूल के पुस्तकालय से प्रेमचन्द, शरतचन्द्र, रवीन्द्रनाथ टैगोर को पढ़ डाला था।

धीरे-धीरे मेरा झुकाव साहित्य की ओर बढ़ रहा था। कुछ तुकबन्दियाँ भी करने लगा था।

हाईस्कूल का परीक्षा-फल अखबार में आया था। उन दिनों रोल नम्बर के साथ नाम भी छपता था अखबार में। अपना नाम देखकर बहुत खुशी हुई थी।

मेरे पास होने की खुशी में पिताजी ने पूरी बस्ती को दावत दी थी। बस्ती में किसी त्योहार जैसा माहौल था। पहली बार इस बस्ती में किसी ने हाईस्कूल पास किया था।

एक और विशेष बात उस रोज हुई थी। चमनलाल त्यागी मेरे पास होने की बधाई देने हमारे घर आए थे। ऐसा पहली बार हुआ था जब कोई त्यागी चूहड़ों के घर बधाई देने आया था। बल्कि इससे भी ज्यादा बड़ी बात यह हुई थी कि चमनलाल त्यागी मुझे अपने घर ले गए थे। बेहद आत्मीयता के साथ पास बैठाकर दोपहर का खाना भी खिलाया था। वह भी अपने बर्तनों में। छुआछूत के माहौल में यह एक विशेष घटना थी।

खाना खाते समय मैं संकोच में था। चमनलाल जी का एक बड़ा बेटा मेरा सहपाठी था। उसका व्यवहार भी मेरे साथ हमेशा नम्र ही रहा था।

खाना खाकर मैं जूठे बर्तन उठाने लगा, तो उन्होंने मुझे रोक दिया और अपनी बेटी को आवाज दी, "भैया के बर्तन उठाकर ले जा।" वह आकर जूठे बर्तन ले गई।

उनके इस व्यवहार ने मेरी आँखें नम कर दी थीं। मैं भावुक हो उठा था। उस क्षण प्रताड़ना और उपेक्षा-भरे माहौल में ऐसे व्यवहार की उम्मीद ही कहाँ थी! इससे पहले भी वे अक्सर मेरी पढ़ाई-लिखाई के बारे में पूछते रहते थे।

तीसरी या चौथी कक्षा में था। पढ़ने की गति मेरी ठीक थी। हिन्दी की किसी भी पुस्तक को तीव्र गति से पढ़ लेता था। चमनलाल त्यागी का घेर

भंगी-बस्ती से नजदीक था। एक रोज मैं उनके घेर के सामने से जा रहा था। वे दालान में बैठे हुए थे। रामचरितमानस का गुटका पढ़ रहे थे। दालान के सामने से जाता हुआ देखकर उन्होंने मुझे आवाज दी। आवाज सुनकर मैं खड़ा हो गया था, वे बोले, ''तू छोटन का है क्या?''

मैंने कहा, ''जी...''

''यहाँ आ....'' उन्होंने मुझे अपने पास बुलाया, ''सुणा है, तू पढ़ने जाता है स्कूल में?''

मैंने हाँ में गर्दन हिलाई।

उन्होंने रामचरितमानस का गुटका मेरे हाथ में थमा दिया, ''ले, इस पन्ने पे पढ़के दिखा।'' वे चारपाई पर बैठे थे। मैंने गुटका लेकर पढ़ना शुरू कर दिया। एक पूरा पृष्ठ पढ़ लेने पर उन्होंने मेरी पीठ थपथपाई। शाबाशी दी।

इसके बाद जब भी कहीं मिल जाते या मुझे देख लेते तो मेरी पढ़ाई-लिखाई के विषय में पूछताछ करते थे।

उन्होंने पिताजी को बुलाकर बताया था, ''छोटन, तेरा बेट्टा तो रामायण भी पढ़ लेवे है।''

पिताजी सुनकर बहुत खुश हुए थे। बस्ती में आकर सभी को बता-बताकर अपनी खुशी जाहिर कर रहे थे।

मेरे हाईस्कूल कर लेने के बाद बस्ती के बच्चों में पढ़ने-लिखने की रुचि बढ़ गई थी। बस्ती में पढ़ाई-लिखाई का थोड़ा माहौल भी बनने लगा था। कुछ बदलाव के संकेत भी दिखने लगे थे, बावजूद आर्थिक जर्जरता के।

मैंने अपनी बैठक के चबूतरे पर एक संध्या-स्कूल भी शुरू किया था। शाम को 15-20 बच्चों को घेरकर मैं बैठा लेता था। एक-डेढ़ घंटे की नियमित कक्षाएँ चलने लगी थीं। कुछ बड़ी उम्र के लोग भी आकर बैठने लगे थे। कई लोग अपना नाम और हस्ताक्षर लिखना भी सीख गए थे।

उस समय तक मेरे भतीजे नरेन्द्र और देवेन्द्र भी स्कूल जाने लगे थे। नरेन्द्र दूसरी कक्षा में था और देवेन्द्र पहली में। नरेन्द्र का मन पढ़ाई में कम लगता था। फिर भी मैं उसे उठने नहीं देता था। कई बार वह रोने भी लगता था। लेकिन मैं उस वक्त बेहद कठोर और निर्मम हो जाता था।

पिताजी किसी काम से शहर (मुजफ्फरनगर) जा रहे थे। मैं भी उनके साथ चल दिया था। शहर में सड़क के किनारे बहुत-सी पुस्तकें सजी थीं। ज्यादातर धार्मिक पुस्तकें थीं। पिताजी पुस्तकों के पास रुक गए थे। लाल जिल्दोंवाली गोरखपुर प्रेस की किताबों में से उन्होंने एक उठाकर मेरे हाथ में दी। ''क्या है इस किताब में?'' उन्होंने जिज्ञासा दिखाई।

मैंने कहा, ''गीता है।'' वे गीता के बारे में नहीं जानते थे। जब मैंने बताया कि महाभारत की लड़ाई में श्रीकृष्ण ने अर्जुन को जो उपदेश दिया था, वही है इसमें। उन्होंने कीमत पूछी थी। दुकानदार ने डेढ़ रुपया बताया तो वे सुनकर खुश हुए थे। और उस रोज उन्होंने वह पुस्तक खरीदकर मुझे दी थी।

घर लौटकर मैंने उन्हें जब पढ़कर सुनाई तो वे गद्‌गद हो गए थे। सचमुच वे बहुत खुश थे। उन्हें लग रहा था कि उनका जन्म सफल हो रहा है, उनकी 'जाति' सुधर रही है।

लेकिन जैसे-जैसे मैं उस पुस्तक को पढ़ रहा था, मेरे अपरिपक्व मस्तिष्क में एक उलझन बढ़ रही थी। गीता में कर्मवाद की जो व्याख्या की गई है उसे पूरी समझ लेने की विकसित बुद्धि मेरी उस समय नहीं थी। हाँ, इतना जरूर समझ रहा था कि कृष्ण अर्जुन को युद्ध के लिए उकसा रहे हैं। अपने ही बन्धु-बान्धवों को मारने के लिए अर्जुन को समझा रहे हैं। कर्म करने और फल की इच्छा न रखने का दार्शनिक विवेचन स्थापित कर रहे हैं।

ज्ञान की इस पुस्तक के प्रत्येक अध्याय के बाद एक माहात्म्य दिया हुआ था जिसमें उस अध्याय के पठन-पाठन के बाद प्राप्त होनेवाले फल की कहानी थी। यानी गीता-दर्शन के ठीक विपरीत फल की लालसा के लिए पाठकों, श्रद्धालुओं और आस्थावानों को उकसाया जा रहा था। यह बेचैनी मेरे मन में एक नई चेतना पैदा कर रही थी यानी कर्मकांड को स्थापित किया जा रहा था। कुछ ही दिनों में उस पुस्तक को पढ़ने से मैं ऊबने लगा था। मैं अपने मन में उठनेवाले प्रश्नों के उत्तर चाहता था। स्कूल के अध्यापकों से एक-आध बार ऐसे प्रश्न पूछने की धृष्टता जब-जब मैंने की मुझे सजाएँ मिलीं। मार खाई। परीक्षा में कम अंक मिले। सहपाठी ही नहीं अध्यापकों के शब्द भी बींध जाते थे, ''देखो चूहड़े का, बामन बन रहा है!''

बस्ती में ऐसा कोई नहीं था जो मेरे सवालों के उत्तर दे सकता। शराब पीकर हो-हल्ला करना या मारपीट कर लेनेवालों की कमी नहीं थी। ऐसे वातावरण में दार्शनिक प्रश्नों के उत्तर खोजना आसमान से तारे तोड़ना था।

वैसे भी बस्ती में ही नहीं, पूरे वाल्मीकि समाज में हिन्दू देवी-देवताओं की पूजा नहीं होती है। पढ़े-लिखे लोगों में देखा-देखी कर लेने की बात और है। ये पूजा करते हैं, अपने देवी-देवताओं की जिनके नाम न तो वैदिक ग्रन्थों में मिलेंगे, न पुराणों में। पूजा की विधियाँ भी अलग हैं।

एक लम्बे अरसे के बाद मेरे मौसा जी आए थे। उनके आने पर माँ खूब जोर-जोर से रोई थी। रोने में शिकवे-शिकायतें थीं। बड़ी बहन को इतने वर्षों में न देख पाने का गिला था। मौसा जी ने माँ को समझाते हुए कहा था, "मुकन्दी (मेरी माँ का यही नाम था), दुखी क्यों होती है? घर-परिवार की परेशानियाँ थीं, तेरी बहन बीमार रहती है...आना-जाना नहीं हो पाता है।"

मौसा जी धार्मिक प्रवृत्ति के पढ़े-लिखे व्यक्ति थे। ज्योतिष में उनकी रुचि थी। मेरे लेखक बनने की सम्भावना का जिक्र माँ के सामने किया। तब मैं नहीं जानता था कि लेखक बनना कितना कष्टदायक है।

वे दो-तीन दिन रुके थे। जब जाने लगे, मैंने 'गीता' की वह प्रति उन्हें भेंट की थी। वे खुश हो गए थे। बस, मौसा जी से यही पहली और आखिरी मुलाकात थी।

ग्यारहवीं कक्षा में विज्ञान विषय लिये थे। हाईस्कूल पास कर लेने पर मेरे भीतर आत्मविश्वास जाग उठा था। लेकिन स्कूल में परिस्थितियाँ विपरीत होने लगी थीं। सहपाठियों में इक्का दुक्का ही थे, जो मुझसे घनिष्ठ थे या मेलजोल रखते थे। श्रवण कुमार और चन्द्रपाल पिछड़ गए थे। सुक्खन सिंह और राम सिंह साथ थे।

ओमदत्त त्यागी अंग्रेजी पढ़ाते थे। उनका बोलचाल का तरीका व्यंग्यात्मक था। प्रत्येक वाक्य में 'यानि के' जोड़ देते थे, वह भी प्रश्नचिह्न लगाकर। पढ़ाते हुए भी इसी तरह बोलते थे। जब मैं उनसे किसी समस्या पर बात करता

या अपनी कोई समस्या उनके सामने रखता था, सबसे पहले मेरे 'भंगी' होने का वे मुझे एहसास करा देते थे। उस समय मुझे लगता था जैसे मेरे सामने कोई शिक्षक नहीं, जातीय अहम में डूबा हुआ कोई अनपढ़ सामन्त खड़ा है। राम सिंह कक्षा का सबसे श्रेष्ठ छात्र था। कक्षा का ही नहीं बल्कि पूरे विद्यालय का। हरफनमौला, तेज, कुशाग्र लेकिन फिर भी था तो चमार ही। यह भाव छात्रों से लेकर अध्यापकों तक में था।

एक रोज, जब हम दोनों काफी तंग हो गए तो अपनी प्रतिक्रिया व्यक्त करने के लिए ओमदत्त त्यागी का एक 'व्यक्ति चित्र' अंग्रेजी में लिख डाला।

राम सिंह और मैंने मिलकर यह तैयार किया था। शीर्षक था—'ए प्रोफाइल ऑफ यानि के।'

'व्यक्ति-चित्र' लिख लेने के बाद जब उसे पढ़ना शुरू किया तो हँस-हँसकर हमारे बुरे हाल थे। इस हँसी में और भी कई साथी शामिल हो गए थे। पूरे कॉलेज में इस 'व्यक्ति-चित्र' की चर्चा होने लगी। जिसे देखो वही इसे दोहरा रहा है।

इसी बीच एक हादसा हो गया था। ओमदत्त त्यागी का पीरियड था। राम सिंह, मैं और सुक्खन सिंह पहली पंक्ति में बीच की डेस्क पर बैठते थे। ओमदत्त ने आते ही राम सिंह से 'अंग्रेजी गद्य' की पाठ्य-पुस्तक माँगी। उसने सहज भाव से वह पुस्तक उन्हें दे दी। पुस्तक में एक कागज पर लिखा वह 'व्यक्ति-चित्र' था। राम सिंह को यह ध्यान नहीं था कि कागज उस किताब में रखा है। यह सब अचानक हुआ था।

जैसे ही ओमदत्त ने पुस्तक के पन्ने पलटे, वह कागज नीचे गिर गया। कागज नीचे गिरते हम सभी ने देखा। राम सिंह का चेहरा तो फक्क पड़ गया था। कागज ओमदत्त ने उठाकर पढ़ना शुरू किया। उसके चेहरे का रंग बदल गया था।

उसने किताब मेज पर पटकी थी गुस्से में और राम सिंह की ओर ऐसे घूरा जैसे अभी इसी वक्त चबा जाएगा। हस्तलेख राम सिंह का था। इसलिए ओमदत्त का पूरा गुस्सा राम सिंह पर ही था, उसने राम सिंह को स्टाफ रूम में आने को कहा। स्टाफ रूम में घुसते ही, लात-घूँसों से राम सिंह का

स्वागत हुआ। फिर मुर्गा बनाकर छड़ी से भी पीटा। हारकर प्रिंसिपल के कमरे में ले जाकर शिकायत की। वहाँ भी खूब जलील किया था राम सिंह को। प्रिंसिपल ने मौखिक चेतावनी देकर राम सिंह को छोड़ दिया था।

इस घटना के बाद भी, ओमदत्त को जब भी मौका मिला, वह राम सिंह को अपमानित करने की कोशिश करता था।

राम सिंह का हौसला कमाल का था। स्टाफ रूम से इतना पिटकर आने पर भी, वह हँस रहा था। उसकी इस हँसी में पूरी कक्षा शामिल थी। लेकिन मैं भयभीत था। मुझे पिटने से डर लगता था। उन दिनों मैं सहमा-सहमा-सा रहता था।

उन्हीं दिनों नरेन्द्र कुमार त्यागी नए-नए लेक्चरार नियुक्त हुए थे। गणित में मास्टर डिग्री लेकर आए थे। देखने में मासूम, मृदुभाषी और बेहद शालीन! नरेन्द्र कुमार त्यागी ग्यारहवीं और बारहवीं कक्षाओं को गणित पढ़ाते थे।

मार्च-अप्रैल, 1965 के दिन थे। वे कक्षा में थे। गरमी शुरू हो चुकी थी। उन्हें प्यास लगी थी। उनके ठीक सामने की सीट पर मैं बैठा था। मुझे सम्बोधित करके उन्होंने कहा, ''मटके से एक गिलास पानी लेकर आओ।''

प्रिंसिपल के कार्यालय के पास बरामदे में दो बड़े-बड़े मटके रखे होते थे ठंडे पानी के। जैसे ही नरेन्द्र त्यागी ने मुझे पानी लाने के लिए कहा, कक्षा में फुसफुसाहट होने लगी।

मैं उठकर चल दिया, लेकिन बरामदे से ही वापस लौट आया। मैंने उनसे कहा, ''मास्साहब, मैं तो उन मटकों को छू भी नहीं सकता, किसी और को भेज दीजिए...''

मास्टर साहब ने आश्चर्य से पूछा, ''क्यों?''

मैंने सहज भाव से कहा, ''मेरी जाति चूहड़ा है।''

वह फटी-फटी आँखों से मेरी ओर देखने लगा। उसे इस तरह अपनी ओर देखते हुए पाकर, मैंने कहा, ''इसके बावजूद आप कहते हैं तो मैं लेकर आता हूँ...''

वह जैसे नींद से जागा, ''नहीं...बैठ जाओ...'' और स्वयं ही पानी पीने चला गया।

मुझे लगा, गणित में मास्टर की डिग्री लेकर भी यह मास्टर कितना बौना है जिसमें इतना साहस भी नहीं है कि मेरे हाथ से पानी पी सके। मुझे चन्द्रपाल और श्रवण कुमार की याद आई थी। पढ़ाई में कमजोर थे। लेकिन बेहतर इनसान, प्यारे दोस्त, जिनमें 'जाति' का डर ही नहीं था। अस्पृश्यता के ये दंश मुझे छलनी कर देते थे।

बृजपाल सिंह अभी भी रसायनशास्त्र पढ़ाता था। उसके प्रति मेरे मन में आदर भावना नहीं रह गई थी। लेकिन ऐसा भी नहीं था कि मैंने कभी उसका अनादर किया हो। रसायनशास्त्र पढ़ना मुझे अच्छा लगता था। ग्यारहवीं की वार्षिक परीक्षा में भी मुझे अच्छे अंक मिले थे। लेकिन बारहवीं में जाते-जाते ही मैंने महसूस किया कि जब मैं रसायन प्रयोगशाला में प्रैक्टिकल के लिए जाता हूँ, बृजपाल किसी न किसी बहाने मुझे बाहर कर देता है या किसी काम से कहीं भेज देता है।

इंटर का यह मेरा अन्तिम वर्ष था। बोर्ड की परीक्षा थी। भविष्य इसी परीक्षा के परिणाम पर टिका था। कई महीने तक जब मैं प्रैक्टिकल नहीं कर पाया तो मुझे ऐसा महसूस होने लगा था, जैसे जान-बूझकर ऐसा किया जा रहा है। एक रोज उसने मुझे सभी के सामने अपमानित भी किया था और प्रयोगशाला से बाहर कर दिया था। मैंने पूछा भी था, "मेरी गलती क्या है? कोई नुकसान मुझसे हुआ है?" लेकिन बृजपाल सुनने को तैयार नहीं था।

मैंने राम सिंह से बात की तो उसने प्रिंसिपल से मिलने की सलाह दी। प्रिंसिपल यशवीर त्यागी ने मेरी बात सुनी थी पूरे इत्मीनान से, अनुशासन के लिए छात्रों में उनकी दहशत थी। उन्होंने मुझे आश्वासन दिया था कि वे मेरे साथ ऐसा कुछ भी नहीं होने देंगे। बृजपाल सिंह से बात करके समस्या का समाधान करेंगे।

लेकिन हुआ ठीक उलटा। बारहवीं कक्षा में, मैं प्रैक्टिकल नहीं कर पाया था, पूरे वर्ष। बोर्ड की परीक्षा में मेरा मात्र प्रैक्टिकल ही खराब नहीं हुआ, बल्कि मौखिक साक्षात्कार में भी मुझे कम अंक मिले थे जबकि मैंने

परीक्षक के सभी प्रश्नों के सन्तोषजनक उत्तर दिए थे।

जब परिणाम घोषित हुआ, मैं बारहवीं में फेल था। रसायनशास्त्र के अलावा सभी विषयों में अच्छे अंक मिले थे। प्रैक्टिकल में फेल था।

इस घटना ने अचानक मेरे सामने भयानक गतिरोध उत्पन्न कर दिया था। मेरा मन उचट गया था। समझ में नहीं आ रहा था, क्या करूँ। एक अँधेरा मेरे सामने खड़ा था। घर-परिवार में जैसे मातम छा गया था। पिताजी अफसोस जाहिर करके चुप हो गए थे। मैं बुझ-सा गया था। किसी काम में मन नहीं लगता था। बहुत बेचैनी भरे दिन थे।

उन्हीं दिनों माया की शादी तय हो गई थी। काम की व्यस्तताओं में, मैं अपनी दुश्चिन्ताओं को कुछ समय के लिए भूल गया था। भविष्य की अनिश्चितता मुँह बाए खड़ी थी। मैं अपने भंगीपन से बाहर आने के लिए छटपटा रहा था जबकि हालात मुझे बार-बार वहीं धकेल रहे थे। बृजपाल के षड्यंत्र ने मुझे तोड़ दिया था।

उन दिनों जसबीर 'सर्वे ऑफ इंडिया, देहरादून' में नौकरी कर रहा था। मामा के साथ रहता था। सुरजन की शादी भी हो चुकी थी। मैंने जसबीर के सामने अपनी व्यथा कही तो वे बोले, "चल छोड़, मार गोली इस गाँव को, देहरादून दाखिला लेकर वहीं पढ़ना। डी.ए.वी. कॉलेज में भर्ती करवा दूँगा, तू फिकर क्यूँ करे है! इस साल नहीं तो अगले साल पास हो जाओगे।"

मेरी हताशा को जैसे सम्बल मिल गया था। जसबीर ने अपने खास लहजे में मुझे हौसला दिया था, "लै...ये बी कोई बात हुई...फिकर क्यूँ करे है, मैं हूँ ना..." बड़ी से बड़ी समस्या को, इस वाक्य से जसबीर मिनट भर में धराशायी कर देता था। अजीब हौसला था उसमें। वह कभी निराश नहीं होता था।

पिताजी ने भी देहरादून जाने की मुझे इजाजत दे दी थी। जिस दिन मैंने देहरादून जाने के लिए घर छोड़ा, पिताजी ने भावुक होकर कहा था, "बेट्टे, तू एक गरीब चूहड़े का बेट्टा है...इसे हमेशा याद रखियो..."

माया को ससुराल के लिए विदा करते ही मैं सुरजन के साथ देहरादून आ गया था। उस वक्त मेरे पास एक पुरानी कमीज और पट्टे का एक

पाजामा था। बस, यही सम्पत्ति थी मेरे पास। किराए के अलावा, पिताजी ने एक भी पैसा नहीं दिया था। देते कहाँ से! माया की शादी भी कर्ज के पैसों से की थी, जिसे उतारने में जसबीर की सारी तनख्वाह चली जाती थी। महीने भर का गुजारा भी ठीक से नहीं होता था।

देहरादून के लिए बस में बैठते हुए मन उदास था। लग रहा था जैसे 'बरला' हमेशा के लिए छूट रहा है। कड़वी यादों ने मन कसैला कर दिया था। यह कसैलापन अभी भी मन के किसी कोने में पसरा बैठा है जो मौका मिलते ही अपना रंग और स्वाद दिखा देता है।

मामा इन्द्रेश नगर में रहते थे। सहारनपुर चौक के पास खदरी मोहल्ले के साथ एक गन्दा नाला बहता है। उसके पार इन्द्रेश नगर बसा हुआ है। इस घने मोहल्ले को जटिया मोहल्ला कहा जाता था। बाद में इसका नाम इन्द्रेश नगर पड़ा था।

मामा और जसबीर एक ही कमरे में रहते थे। सुरजन उन दिनों अपनी ससुराल में रहता था। दोपहर को थोड़ी देर के लिए तथा शाम को वह अपने पिताजी (यानी मेरे मामा) से मिलने बिना नागा किए आता था।

मामा और जसबीर के साथ, तीसरा मैं भी उस कमरे में आ गया था। कमरे में सामान नाम मात्र ही था। कमरे में एक रस्सी बँधी थी, जिस पर गन्दे कपड़ों को बेढंगे तरीके से लटकाया हुआ था। बेतरतीब सामान इधर-उधर रखा हुआ था। सफाई यदा-कदा ही हो पाती थी।

जनेसर भी पास में ही रहता था। उसका कमरा, जो लकड़ी के फट्टों को जोड़कर बनाया गया था, पुराने टीन से छत ढकी हुई थी। उसमें भी वही हाल था। एक किनारे चूल्हा था। छत से लेकर कपड़े तक धुएँ के रंग में स्याह पड़ गए थे। विमला भाभी को देहरादून आए एक साल हो गया था। उसने भी कुछ ठिकानों का काम ले लिया था। वह भी सुबह निकलती थी घर से, दोपहर को लौटती थी। जनेसर की कोई नौकरी नहीं थी। जो भी काम मिलता, वह कर लेता था। अक्सर रात पाली में वह मैला ढोनेवाली नगरपालिका की

गाड़ी में काम करता था।

सुरजन सिंह ने डी.ए.वी. इंटर कॉलेज की ग्यारहवीं कक्षा में दाखिला ले लिया था, लेकिन मुझे अभी तक दाखिला नहीं मिला था। इंटर फेल हो जाने का ठप्पा मेरे माथे पर लग चुका था। जो भी सुनता, नाक–भौंह सिकोड़ने लगता था, काफी भाग–दौड़ के बाद प्रेमकुमार शर्मा जी की सिफारिश से दाखिला मिला था। सुरजन सिंह ने बहुत मिन्नतें की थीं प्रेमप्रकाश शर्मा जी की। वे एक प्रतिष्ठित अध्यापक थे डी.ए.वी. इंटर कॉलेज में। 'त्यागी इंटर कॉलेज, बरला' के प्रमाण पत्र को देखते ही अजीब–सी मुद्रा बना लेते थे।

दाखिले की भाग–दौड़ में कई बार घोर निराशा के दौर से गुजरना पड़ा था। मुझे कई बार लगा कि अब पढ़ाई पूरी नहीं हो पाएगी। फेल हो जाने की हताशा ने मेरे आत्मविश्वास को डगमगा दिया था। लगता था जैसे सबकुछ खत्म हो गया है।

सुरजन सिंह की पत्नी स्वर्णलता अपने मायके में रहती थीं। अक्सर मैं सुरजन के साथ वहाँ जाता था। वे बेहद आत्मीय और स्नेहिल थीं। उनके मन में अपनेपन की भावना बहुत ज्यादा थी। निराशा और हताशा के क्षणों में वे मेरा हौसला बढ़ाती थीं।

कॉलेज में दाखिला मिलते ही मैं पढ़ाई में जुट गया था। इन्द्रेश नगर से डी.ए.वी. इंटर कॉलेज काफी दूर पड़ता था। फिर भी मैं सुबह सात बजे का पीरियड कभी छोड़ता नहीं था। मैं अपनी निराशा से मुक्त होना चाहता था। मैं धीरे–धीरे नैराश्य की अन्धी गुफा से बाहर निकलने लगा था।

इन्द्रेश नगर में ज्यादातर सफाई करनेवाले भंगी और जूते बनाने, मरम्मत करनेवाले जटिये रहते थे। भंगी अपने आपको 'वाल्मीकि' कहलाना पसन्द करने लगे थे और जटिये 'जाटव' रहते भी ये अलग–अलग हिस्सों में थे। एक ओर 'वाल्मीकि' तो दूसरी ओर 'जाटव'। इनके मोहल्ले का प्रवेश सहारनपुर रोड से तो उनके आने का रास्ता काँवली रोड से। गरीबी और अशिक्षा दोनों को पुश्तैनी मिली थी। छोटे–छोटे दड़बेनुमा मकानों में तंगहाल

जीवन था सभी का। इक्का-दुक्का लोग ही दो वक्त की रोटी कुछ ढंग से खा पाते थे।

सफाई कर्मचारी सुबह पाँच बजे ही घरों से निकल पड़ते थे। काम पर जाने के लिए, लौह गाड़ी धकेलकर ले जाने से खड़ांग-खड़ांग की ध्वनि से आँख खुल जाती थी। स्त्री-पुरुष सभी सुबह निकल जाते थे। घर में रह जाते थे वृद्ध, बीमार या बच्चे।

स्कूल जानेवाले बच्चे दिन भर गलियों में आवारागर्दी करते थे। बहुत कम बच्चे थे जो पढ़ने-लिखने में रुचि लेते थे। माँ-बाप के पास समय ही कहाँ होता था कि बच्चों को हाथ पकड़कर स्कूल तक छोड़ आएँ। सुबह पाँच बजे के निकले बारह-एक बजे लौटते थे। हाथ-मुँह धोकर औरतें ठिकानों में रोटियाँ लेने चली जाती थीं। दो-ढाई बजे फिर हाजिरी देने जाना पड़ता था। लौटते-लौटते पाँच बज जाते थे। बच्चे स्कूल जाते हैं या नहीं, दिन भर वे क्या करते हैं, कहाँ रहते हैं जानने का न वक्त था, न समझ।

मैं कॉलेज पैदल जाता था। इन्द्रेश नगर से डी.ए.वी. कॉलेज काफी दूर पड़ता था। दो-तीन महीने बाद जसबीर ने एक साइकिल खरीद ली थी मेरे लिए। किस्तों पर उस साइकिल की कीमत अदा की गई थी। साइकिल मिल जाने से आने-जाने में काफी समय बचने लगा था।

पहला पीरियड सात बजे लगता था। गणित के अध्यापक समय के पाबन्द थे। सुबह की इस कक्षा में 60-70 छात्रों में से 15-20 ही आते थे। मैंने इस पीरियड को कभी नहीं छोड़ा था। त्यागी इंटर कॉलेज से यहाँ वातावरण कुछ भिन्न था।

उन दिनों मेरे पास कॉलेज जाने लायक कपड़े भी नहीं थे। गाँव में तो गन्दी बिना इस्तरी की हुई कमीज और पट्टे के पाजामे से ही काम चल जाता था। यहाँ सब पैंट-कमीज पहनते थे। जसबीर के पास एक पुरानी पैंट थी, जो उसने मुझे दे दी थी। काफी ढीली थी मेरे नाप से। उसे पहनकर मैं कॉलेज जाता था।

कक्षा में कई बार लड़कों ने मेरे देहातीपन का मजाक उड़ाया था। कॉलेज में नया था और उस माहौल से अपरिचित भी था, इसलिए चुप रह

जाता था। वैसे भी गाँव में उपेक्षाओं और छींटाकशी सुन लेने की आदत थी। बर्दाश्त कर लेने का इतना हौसला था कि आज मैं सोचता हूँ तो हैरान रह जाता हूँ। कितना कुछ छीन लिया है मुझसे इस बर्दाश्त कर लेने की आदत ने!

एक दिन अंग्रेजी की कक्षा से बाहर निकलते ही दूसरे सेक्शन के एक लड़के ने मुझे रोक लिया। उसके साथ तीन-चार लड़के भी थे। वे मेरा मजाक बनाने लगे। एक ने मेरी पैंट खींचते हुए कहा, "किस टेलर से सिलवाई है? हमें भी उसका पता दे दो।" दूसरे लड़के जोर-जोर से हँस रहे थे। मैं उनसे बचकर निकलना चाहता था, लेकिन वे जाने ही नहीं दे रहे थे। कभी मेरी पैंट पकड़कर खींचते तो कभी कमीज। मैंने बेहद दयनीय लहजे में कहा था, "फट जागी...इसे छोड़ दो..." मेरे देहाती लहजे पर वे जोर से हँसे थे। एक ने पूछा, "किस गाँव से पधारे हो जी?" उसका व्यंग्यात्मक अन्दाज मुझे छलनी कर गया था।

यह तमाशा काफी देर तक चला था। मैं उनके बीच फँसा स्वयं को बेबस पा रहा था। न जाने मैं कब तक उनकी गिरफ्त में फँसा रहता। एक वरिष्ठ अध्यापक उधर से निकल आए जिन्हें देखकर वे सब भाग गए थे। उस अध्यापक ने मेरा नाम और कक्षा पूछा तो मैंने बता दिया, "जी...ओमप्रकाश वाल्मीकि, बारहवीं, सेक्शन 'जे'..."

मैं कक्षा में चला तो गया लेकिन मन उखड़ गया था। कक्षा में क्या पढ़ाया जा रहा है कुछ समझ में ही नहीं आ रहा था। किसी तरह वह पीरियड खत्म हुआ। बाहर निकलते ही मैंने सुरजन को ढूँढ़ना शुरू किया। वह अपनी कक्षा में बैठा था। मैंने उसे बाहर आने का इशारा किया।

उसके बाहर आते ही मैंने पूरी घटना सुना डाली। उसकी ही कक्षा में एक लड़का बैठा था बहादुर सिंह थापा। राजपुर का रहनेवाला था। सुरजन ने उसे भी बाहर बुला लिया था।

सुरजन ने पूरा किस्सा उसे बताया। उसने मुझसे पूछा, "उस लड़के को पहचान लोगे? किस कक्षा में है?"

मैं उन्हें साथ लेकर उस लड़के की कक्षा के सामने आकर खड़ा हो गया था। वह लड़का कक्षा में अपने उन्हीं दोस्तों के साथ सबसे पीछे बैठा था।

बहादुर ने मुझसे कहा, "तुम जाओ...मैं उसे अभी ठीक कर दूँगा। आइन्दा वह तुम्हें तंग नहीं करेगा।"

मैं दूर जाकर खड़ा हो गया था। सुरजन और बहादुर वहीं रुक गए थे। पीरियड खत्म होते ही वह लड़का अपने दोस्तों के साथ बाहर निकला, बहादुर ने इशारे से उसे बुलाया जैसे ही वह पास आया, बहादुर ने दो-तीन हाथ उसे जड़ दिए। अचानक हुए हमले से वह घबरा गया था। गिड़गिड़ाते हुए बोला, "दाई जी...क्यूँ मार रहे हो? मेरी गलती क्या है?"

बहादुर ने उसकी कमीज का कॉलर पकड़कर अपनी ओर खींचा, "बोल, तेरे कपड़े कहाँ सिलते हैं? नंगा करके भेजूँ...या दर्जी को यहाँ बुलाऊँ...फिर किसी से दर्जी का पता पूछेगा..."

उसने हाथ जोड़कर माफी माँगी थी, "दाई जी...माफ कर दो...गलती हो गई..."

धीरे-धीरे मैं उस माहौल में रमने लगा था। स्वयं को एडजस्ट भी कर लिया था। कुछ दोस्त भी बन गए थे। अब मैं अकेला नहीं था। मेरा देहातीपन अब मुझे कमजोर और दब्बू नहीं बना रहा था। सुरजन के सभी दोस्त मुझे पहचानने लगे थे जिनमें ज्यादातर मारपीट, गुंडागर्दी करनेवाले लड़के थे। जो मुझे ज्यादा पसन्द नहीं थे। फिर भी मेल-जोल रखना पड़ रहा था।

अपनी कक्षा में मेरी पहचान बनने लगी थी। पुरुषोत्तम नाम का एक लड़का था। वह भी मेरा अच्छा मित्र बन गया था। कई और साथी थे जिनके सम्पर्क में आने से शहरी जीवन से मेरा नाता बढ़ने लगा था।

इन्द्रेश नगर में भी कई लोग थे जो कॉलेज में पढ़ते थे। भुकनलाल था जो एम.एस-सी. कर रहा था। हेमलाल बारहवीं में था हिन्दू नेशनल में। गोपी था और भी कई लोग थे। हम सब लगभग हर रोज मिलते थे। कई योजनाएँ बनती थीं। सामाजिक कार्य करने का उत्साह सभी में था।

इन्द्रेश नगर वैसे तो एक ही मोहल्ला था। लेकिन अन्दरूनी तौर पर दो

हिस्सों में था। एक ओर वाल्मीकि रहते थे, तो दूसरी ओर जाटव, आपस में सम्बन्ध तनावपूर्ण थे। अक्सर मारपीट, लड़ाई-झगड़े होते रहते थे। दो-तीन परिवार भाटडो के भी थे, जो सिक्ख थे। उनमें आपस में ही लड़ाई-झगड़े लगभग हर रोज होते थे। कभी-कभी तो तलवारें भी खिंच जाती थीं। ऐसे चरम क्षणों में उनकी औरतें मर्दों को घरों में खींच लेती थीं। खूब शोर-शराबा होता था।

हेमलाल जाटव था। लेकिन हमारी मित्रता घनिष्ठता में बदल गई थी। हम दोनों एक-दूसरे के घर भी आते-जाते थे जो उन दिनों के हिसाब से काफी खतरनाक कदम था। मामा मुझे कई बार आगाह कर चुके थे। उनका कहना था कि ये जाटव सुरजन को मारने घर तक आए थे और तुम उनसे दोस्ती कर रहे हो।

लेकिन इन तमाम अवरोधों के बावजूद मेरा और हेमलाल का मेलजोल जारी था। उसके घर में जब भी जाता था उसकी माँ, बहनें, भाभी सभी बहुत स्नेह दिखाते थे। उसकी छोटी बहन बहुत प्यारी और सुन्दर-सी गुड़िया जैसी थी।

इन्द्रेश नगर में एक पुस्तकालय था जिसे जाटव चलाते थे। सरकारी अनुदान से यह पुस्तकालय खोला गया था। इस पुस्तकालय में गांधी-साहित्य की भरमार थी। गांधी की लिखी कई पुस्तकें मैंने इसी पुस्तकालय में पढ़ी थीं।

एक दिन जब मैं पुस्तकालय में बैठा पुस्तकें देख रहा था तो हेमलाल ने एक छोटी-सी किताब मेरे हाथ में दी जिसे उलट-पुलटकर मैं देख ही रहा था, तो वह बोला, "इसे पढ़ो।" पुस्तक का नाम था, 'डॉ. अम्बेडकर : जीवन-परिचय'; लेखक—चन्द्रिका प्रसाद जिज्ञासु।

मेरे लिए डॉ. अम्बेडकर उस समय तक एक अपरिचित नाम था। मैं गांधी, नेहरू, पटेल, राजेन्द्र प्रसाद, राधाकृष्ण, विवेकानन्द, टैगोर, शरत्, तिलक, भगतसिंह, सुभाषचन्द्र बोस, चन्द्रशेखर आजाद, सावरकर आदि के विषय में जानता था। लेकिन डॉ. अम्बेडकर से अनजान था। 'त्यागी इंटर कॉलेज, बरला' में कक्षा बारह तक पढ़ाई करके भी किसी भी रूप में यह नाम मेरी

जानकारी में नहीं आया था। उस पुस्तकालय में भी अम्बेडकर पर कोई पुस्तक नहीं थी। कभी किसी शिक्षक या किसी विद्वान के मुँह से यह नाम नहीं सुना था। गणतंत्र दिवस पर भाषण होते थे, देशप्रेम की कहानियाँ दोहराई जाती थीं लेकिन संविधान निर्माता की जानकारी नहीं थी। सूचना देनेवाले तमाम माध्यम इस नाम को मुझ जैसे लोगों तक पहुँचाने में असमर्थ थे।

मैंने हेमलाल से पूछा, "कौन है यह अम्बेडकर?"

बारीक-सी मुस्कुराहट उसके होंठों पर तैर गई थी, "पहले इस पुस्तक को पढ़ लो, फिर बात करेंगे।"

किताब लेकर मैं घर आ गया था। प्रारम्भ के पृष्ठों पर कुछ ऐसा नहीं था जिसे विशिष्ट कहा जा सके। लेकिन जैसे-जैसे मैं इस पुस्तक के पृष्ठ पलटता गया, मुझे लगा, जैसे जीवन का एक अध्याय मेरे सामने उघड़ गया है। ऐसा अध्याय जिससे मैं अनजान था। डॉ. अम्बेडकर के जीवन-संघर्ष ने मुझे झकझोर दिया था।

कई दिन और रातें मैंने बेचैनी में काटीं। मेरे भीतर की छटपटाहट बढ़ गई थी। मेरी चुप्पी जो मेरे रोम-रोम को जड़ बना रही थी, अचानक पिघलने लगी थी। उस पुस्तकालय में अम्बेडकर की लिखी जो पुस्तकें थीं, वे सभी पढ़ डाली थीं।

मैंने हेमलाल का आभार व्यक्त किया था। उसने सचमुच मुझे एक नई राह दिखाई थी।

इन पुस्तकों के अध्ययन से मेरे भीतर एक प्रवाहमयी चेतना जाग्रत् हो उठी थी। इन पुस्तकों ने मेरे गूँगेपन को शब्द दे दिए थे। व्यवस्था के प्रति विरोध की भावना मेरे मन में इन्हीं दिनों पुख्ता हुई थी।

पाठ्य-पुस्तकों से लेकर संचार-माध्यमों तक में उन दिनों 'गांधी' का ढोल पीटा जा रहा था। बातचीत में कई सवर्णों को गांधी के लिए अपशब्द कहते सुना था कि इस बूढ़े ने भंगी-चमारों को हरिजन बनाकर सिर पर चढ़ा लिया है। उनका गुस्सा कितना गलत था! अम्बेडकर को पढ़ लेने के बाद यह बात समझ में आ गई थी कि गांधी ने 'हरिजन' नाम देकर अछूतों को राष्ट्रीय धारा में नहीं जोड़ा बल्कि हिन्दुओं को अल्पसंख्यक होने से बचाया। उनके

हितों की रक्षा की। फिर भी वे उससे खफा थे क्योंकि उसने हरिजनों को सिर चढ़ाया। पूना पैक्ट की घटना ने मेरे मन से गांधी के भ्रम को पोंछ दिया था। पूना पैक्ट ने अम्बेडकर को हताश किया था।

एक नया शब्द 'दलित' भी मेरे शब्द-कोश में जुड़ गया था, जो 'हरिजन' का स्थानापन्न नहीं बल्कि करोड़ों अछूतों के आक्रोश की अभिव्यक्ति था।

मुझे एक दिशा मिल गई थी। यह धारणा भी उन दिनों पुख्ता हो रही थी कि जो शिक्षा स्कूल-कॉलेजों में दी जा रही है, वह किसी भी रूप में हमें राष्ट्रीय नहीं बनाती है, बल्कि कट्टर, संकीर्ण हिन्दू बनाती है।

जैसे-जैसे साहित्य से परिचय बढ़ता जा रहा था, मेरा आक्रोश मुखर होने लगा था। मैं कॉलेज में दोस्तों से तर्क-वितर्क करने लगा था। अध्यापकों के सामने अपनी शंकाएँ व्यक्त करने लगा था। यह साहस मुझे साहित्य ने दिया था।

कॉलेज की गतिविधियों में मेरी सक्रियता बढ़ने लगी थी। उन दिनों देहरादून में 'अंग्रेजी' विरोध पूरे जोर पर था। डी.ए.वी. कॉलेज के छात्र खुलकर सामने आ गए थे। शहर भर के होर्डिंग्स, बोर्ड, दुकानों के नाम काले पेंट से पोत दिए गए थे।

मैं इन कामों में हिस्सेदारी कर रहा था जिसकी वजह से घर पहुँचने में देर हो जाती थी। रोज मामा की डाँट खानी पड़ती थी।

मैं जितना सक्रिय होता, घर में उतना कलेश होता था। गाँव में पिताजी कभी टोका-टाकी नहीं करते थे, यहाँ आने पर यह एक जरूरी आम बात हो गई थी।

डी.ए.वी. कॉलेज से एक बड़ा जुलूस निकला था। घंटाघर से पहले स्थानीय बस-अड्डे के पास पुलिस ने जुलूस को रोक दिया था। तनाव की स्थिति थी। हालात ऐसे बिगड़े कि पुलिस ने हिन्दी-समर्थकों पर गोली चला दी थी। एक छात्र की मृत्यु हो गई थी। कई घायल हुए थे। एक जुनून था छात्रों में, जो इस हादसे के बाद बिखर गया था।

उस दिन मामा ने मुझे घर से बाहर न जाने की हिदायत दी थी। फिर भी मैं बाहर गया था। लौटने पर कई घंटे मामा का प्रवचन सुनना पड़ा था, "तुम्हें

कुछ हो गया तो मैं अपने जीजा और बहन को क्या जवाब दूँगा?'' यह एक ऐसा संवाद था जो हर दो मिनट बाद निकलता था। वे अपने प्रवचन में मेरे दोस्तों पर भी भद्दी टिप्पणियाँ करते थे। ऐसे समय में जसबीर चुप्पी साध लेता था। जनेसर को इन सबसे कोई मतलब नहीं था। जब मैं जसबीर से कहता तो उसका एक ही जवाब होता था, ''तू यहाँ पढ़ने आया है,...ऐसे फालतू के काम छोड़।''

मुझे वे सब काम, जो मैं करता था, मेरी पढ़ाई का हिस्सा लगते थे, लेकिन मामा और जसबीर के लिए वे सब फालतू थे।

एक दिन विस्फोट हो ही गया था। हेमलाल और मैं एक साथ थे, पूरा दिन, उस रोज पढ़ाई के अलावा हमने कोई बात नहीं की थी। लौटने पर मामा का प्रवचन शुरू हो गया था। मैंने उन्हें वस्तुस्थिति से अवगत भी कराने की कोशिश की, लेकिन वे अपनी ही रौ में मुझे डाँटते रहे और मेरे दोस्तों पर फिर भद्दी 'टिप्पणियाँ' करने लगे। मैं फट पड़ा था उस दिन, ''मामा, मेरे सभी दोस्त पढ़ने-लिखनेवाले लड़के हैं। मैं गुंडे-बदमाशों के साथ नहीं घूमता हूँ। पढ़ाई-लिखाई के अलावा मैं कोई काम नहीं करता हूँ।''

पता नहीं मामा की किस दुखती रग को मैंने छेड़ दिया था। वे चिढ़ गए और मुझे गाँव वापस भेज देने की धमकी देने लगे थे।

मुझे लगा कि एक बार फिर मेरी पढ़ाई छूट जाएगी। मैं कोशिश करने लगा था कि पढ़ाई जारी रखनी है, चाहे जैसे भी हो। लेकिन मामा को भी कोई न कोई मौका मिल ही जाता था, मेरे खिलाफ कुछ बोलने का। हमारे बीच काफी तनाव बढ़ गया था। एक ही कमरे में हम रहते थे। खाते-पीते और सोते थे। मेरी कोशिशें रहती थीं उन्हें नाराज न करूँ। उनके हुक्के की चिलम भरना, उनके पाँव दबाना, सिर की मालिश करना यानी तमाम काम करके भी मैं उन्हें खुश नहीं कर पा रहा था। इस तनाव में सुरजन भी शामिल हो गया था। वह भी अपने पिताजी की हाँ में हाँ मिलाता था; बल्कि कई बार मेरी छोटी-छोटी बातों को बढ़ा-चढ़ाकर भी बोल देता था जिसका परिणाम होता था, मामा का प्रवचन मुझ पर कोप बनकर बरसता था।

उन दिनों मैं काफी तनाव में रहने लगा था। स्वभाव भी चिड़चिड़ा हो

गया था। उसी बीच मेरा सुरजन की ससुराल जाना भी बन्द हो गया था। बस, एक हेमलाल ही था, जिसके साथ बैठकर मैं अपने दुख-सुख कह लेता था।

इन्द्रेश नगर के साथी प्रेमचन्द किसी जमाने में छात्र नेता थे। वे पढ़ाई छोड़कर रुड़की चले गए थे। कोई कर्मचारी संगठन चला रहे थे। 1967 के आम चुनाव में उन्होंने रुड़की विधानसभा सीट से अपना नामांकन पत्र भरा था। आठ-दस लड़के इन्द्रेश नगर से रुड़की गए थे। चुनाव-प्रचार में मदद करने। उनमें मैं और हेमलाल भी थे। मैंने मामा से इजाजत नहीं ली थी। जसबीर को भी सिर्फ सूचना दी थी। जिस समय मैं जाने के लिए घर से निकल रहा था, मामा ने जसबीर से कहा था, ''इससे कह दे लौटकर यहाँ न आए, गाँव चला जाए।''

मैंने उस वक्त कोई प्रतिक्रिया व्यक्त नहीं की थी। बाहर भुकनलाल, सियानन्द, हेमलाल आदि खड़े थे। मैं चुपचाप उनके साथ चल दिया था।

रुड़की पहुँचते ही मैंने पिताजी के नाम एक चिट्ठी लिखकर रुड़की से बरला जानेवाली बस के ड्राइवर को दे दी थी। ड्राइवर ने वह चिट्ठी बरला बस-अड्डे पर बुद्धू चायवाले को दे दी थी। बुद्धू चायवाले ने यह पिताजी तक पहुँचा दी थी।

पिताजी अगले ही दिन रुड़की आ गए थे। मैंने उन्हें तमाम हालात बता दिए थे। वे चुपचाप सुन रहे थे। मैं भीतर से डरा हुआ था। कहीं मेरा रुड़की चुनाव-प्रचार में आना उन्हें भी गलत न लगे। लेकिन उन्होंने सिर्फ इतना ही कहा था, ''तेरी समझ में जो ठीक लगे, तू कर। मैं तो अनपढ़-गँवार हूँ। पर मेरा ना (नाम) बदनाम न करना, रही आगे पढ़ने की बात। तू यहाँ से सिध्या देहरे (देहरादून) ही जाणा। हरफूल (मेरे मामा) ते कहणा, उसे उस टेम बरले में पनाह दी थी, जिब वह कुछ बी ना जाणे था। बाद में उसके लौंडे (सुरजन) को दो साल बरला रखा। उसे भूल गिया...वह अपने साथ नहीं रखेगा, तो मैं तेरा अलग इन्तजाम कर दूँगा। तू फिकिर क्यूँ करे है?''

पिताजी उसी वक्त देहरादून चले गए थे। मैं उनकी आदत से परिचित था। मामा ने उन्हें शराब पिलाई होगी। शराब पीकर पिताजी ने मामा को लताड़ा होगा। खूब कहा-सुनी हुई होगी।

चुनाव-प्रचार में रुड़की के आसपास के गाँव-मोहल्लों में हम लोग पैदल घूमे थे। उन दिनों लोगों के जीवन को और अधिक पास से देखने का मौका मिला था। उनके दुख-दर्द सुने थे। ऐसे लोगों की संख्या ज्यादा थी जो लोकतंत्र और मत का सही-सही अर्थ भी नहीं जानते थे। एक कागज का टुकड़ा बक्से में डालकर वे क्या करते हैं, उनकी समझ से बाहर था। कितनी मासूमियत थी उन लोगों में, जो आजादी के मूल्यों और अर्थों से अनजान थे! सचमुच आजादी वहाँ तक पहुँची ही कहाँ थी, सत्ता के दलाल उनका शोषण और इस्तेमाल कर रहे थे।

देहरादून लौटते ही मामा और पिताजी के बीच हुई कहा-सुनी की खबर जनेसर ने मुझे दी थी। मामा का गुस्सा मेरे प्रति और ज्यादा बढ़ गया था। उन्हें लग रहा था कि पिताजी को मैंने भड़काकर यहाँ भेजा था। पिताजी उन्हें बहुत-कुछ सुनाकर गए थे। मैं चुपचाप अपनी पढ़ाई में जुट गया था।

अजीब तंगी के दिन थे। जेब में कोई पैसा नहीं था। सुबह उठकर बिना कुछ खाए-पीए कॉलेज चला जाता था। दोपहर को लौटकर चूल्हे में लकड़ी जलाकर, कच्चा-पक्का कुछ बना लेता था। जसबीर दोपहर को कभी-कभी आता था। विमला भाभी अपने मायके गई हुई थी।

मामा दोपहर को अपने ठिकानों से रोटियाँ लेकर आते थे। लेकिन मेरा मन उन्हें खाने का नहीं होता था। उन रोटियों को देखते ही इच्छा मर जाती थी।

बस, जैसे-तैसे दिन कट रहे थे। शाम को मैं जनेसर के साथ लकड़ी की टाल (पटेल नगर) में चला जाता था जहाँ ट्रकों में लकड़ी चढ़ाने-उतारने की मजदूरी मिल जाती थी। एक-दो घंटा काम करके पाँच-दस रुपए हाथ में आ जाते थे जो जेब-खर्च के काम आते थे। काम भारी और थका देनेवाला होता था। जनेसर की तो आदत थी यह सब काम कर लेने की, लेकिन मेरे लिए मुश्किल होता था।

जब जेब में दो-चार रुपए रहते थे तो कॉलेज में, खाली पीरियड के समय, माहेश्वरी की चाय की दुकान में 'बन्द और चाय' से नाश्ता कर लेता था। ये दोनों चीजें पचास पैसे में आ जाती थीं। पैसे खत्म होते ही फिर पेट खाली। चाय-नाश्ता बन्द।

कुछ दिन बच्चों को ट्यूशन भी पढ़ाया। इन्द्रेश नगर में शाम का स्कूल भी हम लोगों ने शुरू किया था। भुकनलाल ने योजना बनाई थी। लेकिन जैसे ही भुकनलाल को आई.आर.डी.ई. में नौकरी मिली, स्कूल बन्द हो गया था।

जसबीर सर्वे ऑफ इंडिया में नौकरी करता था। तनख्वाह में से आधे से ज्यादा कर्ज उतारने में चले जाते थे। माया की शादी के लिए जो कर्ज लिया था उसके ब्याज की दर बहुत ज्यादा थी। हाथ में बहुत ही कम पैसे बचते थे।

देहरादून की पहली सर्दी मेरे लिए बहुत कष्टदायक रही थी। मेरे पास सर्दियों में पहनने के लिए कोई गरम कपड़ा नहीं था। गाँव में तो चादर या खेस की बुक्कल मारकर कक्षा में बैठ जाते थे। यहाँ वह सब सम्भव नहीं था। स्वेटर की सख्त जरूरत थी।

देहरादून नगरपालिका सफाईकर्मियों को खाकी रंग की जर्सी देती थी। साथ में गाढ़े खद्दर की एक मोटी कमीज भी देती थी। ये कपड़े सफाईकर्मियों की पहचान थे। दूर से ही पता चल जाता था। उन्हें देखते ही लोग कहते थे, जमादार है।

मैंने लकड़ी की टाल से तीस–चालीस रुपए जमा कर लिये थे। एक सफाईकर्मी से वह खाकी जर्सी खरीद ली थी उन रुपयों में से। ड्राइक्लीनर को देकर इस जर्सी को हरे रंग में रँगवा दिया था। लेकिन रंग बदल जाने से भी इस जर्सी की पहचान नहीं बदली थी।

पहले दिन जब मैं इसे पहनकर कॉलेज गया तो लड़के जमादार कहकर चिढ़ाने लगे थे। यह स्वेटर मुझे सर्दी से तो बचा रहा था लेकिन छात्रों के व्यंग्य सर्दी से भी ज्यादा तकलीफदेह थे। कई बार सोचा, इसे नहीं पहनूँगा, लेकिन अन्त में इरादा पक्का हो गया। देखता हूँ, कब तक चिढ़ाएँगे।

टाल से कमाए रुपयों में से स्वेटर खरीदने के बाद कुछ रुपए बचे थे। उन रुपयों से मैंने तिब्बती बाजार से कुछ मोटी ऊन सस्ते दामों में खरीद ली थी। इससे एक हाफ स्वेटर बन गया था। यह स्वेटर स्वर्णलता भाभी ने अपने हाथ से बनाकर मुझे दिया था। इस तरह देहरादून की पहली सर्दी से मैं बच गया था।

एक रोज कॉलेज में कुछ लड़के किसी ट्रेनिंग की बात कर रहे थे।

पुरुषोत्तम भी उनके साथ था। मैं भी उनके पास जाकर बैठ गया था, लेकिन मैं उनकी बातचीत का सार समझ नहीं पाया था। उनके चले जाने के बाद मैंने पुरुषोत्तम से पूछा तो उसने कहा, "रायपुर में कोई बम-फैक्टरी है जहाँ मशीनों के कल-पुर्जों का काम सिखाया जाता है। ट्रेनिंग में हाईस्कूल पास लड़के लिये जाते हैं।"

मैंने उससे कहा, "चलो, रायपुर चलकर पता करते हैं।"

उसने पूछा, "तुम जानते हो, फैक्टरी कहाँ है?"

"हाँ, सुरजन के साथ एक-दो बार रायपुर गया था।" मैंने उत्तर दिया।

मैं और पुरुषोत्तम दोनों रायपुर की ओर चल पड़े थे। आई.आर.डी.ई. के मुख्य द्वार पर हमने सुरक्षा गार्ड से पूछा तो उसने बताया कि ऑर्डनेंस फैक्टरी आगे है।

ऑर्डनेंस फैक्टरी के मुख्य द्वार पर हमने फिर पूछताछ की। उन्होंने हमें इन्तजार करने के लिए कहा। दस मिनट बाद एक व्यक्ति द्वार पर आया, बोला, " 'ट्रेनिंग' के बारे में कौन पूछ रहा था?"

मैंने कहा, "मैं पूछ रहा था।"

उस व्यक्ति ने कहा, "अगला बैच जुलाई में लिया जाएगा। आप लोग एक चिट्ठी भेज दो जनरल मैनेजर के नाम। फॉर्म घर के पते पर पहुँच जाएगा।"

हमने उसी समय लौटते हुए रायपुर ऑर्डनेंस फैक्टरी डाकघर से एक-एक पोस्टकार्ड खरीदकर, वहीं लिखकर, डाक पेटी में डाल दिया था।

पन्द्रह-बीस दिन बाद फॉर्म घर के पते पर आ गया था। मैंने चुपचाप फॉर्म भरकर भेज दिया था।

कुछ दिन बाद लिखित परीक्षा हुई थी, जिसमें मेरा चयन हो गया था। मौखिक परीक्षा में भी मैं पास हो गया था।

इस तरह मेरी पढ़ाई बीच में ही छूट गई थी। अप्रेंटिस बनकर मैं ऑर्डनेंस फैक्टरी, देहरादून में प्रवेश पा गया था। फैक्टरी में दाखिला होने से पहले मुझे उस काम के विषय में कोई जानकारी नहीं थी। हाँ, इतना जरूर था कि पारिवारिक स्तर पर हजारों वर्षों से मेरे पुरखे जो काम कर रहे थे, वह मुझे नहीं करना है।

मैंने पिताजी को चिट्ठी लिखकर बता दिया था कि मैंने पढ़ाई छोड़ दी है और एक सरकारी कारखाने में मशीन के कल-पुर्जों का तकनीकी काम सीख रहा हूँ। उन्हें इस बात से खुशी हुई थी। वे बार-बार एक ही बात कह रहे थे, 'जात' से तो पीछा छूटा। लेकिन 'जाति' से मृत्युपर्यन्त पीछा नहीं छूटता, इस तथ्य से वे अन्त तक अपरिचित रहे।

मैं आत्मनिर्भर बन जाने के सपने देखने लगा था। घोर गरीबी के बीच जिए दिन मैं भूल नहीं पा रहा था। तकनीकी शिक्षा पाकर जीविका के लिए दो वक्त की रोटी कमा लेने का रास्ता खुलने लगा था।

प्रशिक्षण के दौरान भत्ते के रूप में एक सौ सात रुपए प्रतिमाह मिलने लगे थे जो उन दिनों मेरे लिए एक बहुत बड़ी राशि थी। पैसे मिलते ही मैं पूरे रुपए जसबीर के हाथ में रख देता था। वह उसमें से बीस रुपए जेब खर्च के लिए मुझे देता था।

सुबह सात बजे ही मैं घर से निकल जाता था। शाम को 5.30 बजे तक लौट आता था, साइकिल से ही फैक्टरी जाता था। सुबह उठकर जसबीर दो-तीन पराँठे मेरे बैग में रख देता था जिन्हें मैं दोपहर के लंच में खाता था। मेरे लिए पराँठे बनाने के बाद जसबीर मामा के काम में हाथ बँटाने निकल जाता था। मामा की ड्यूटी स्टेशन के सामने गांधी रोड पर थी जहाँ होटलों के अलावा एक ताँगा स्टैंड भी था। वहाँ से मामा को कुछ अतिरिक्त आमदनी हो जाती थी।

मामा का काम करके जसबीर अपने दफ्तर जाता था। यह रोज का काम था। मामा और जसबीर में पटरी बैठने का सूत्र शराब थी। शाम को वे दोनों मिलकर पीते थे। शराब की यह लत आगे चलकर जसबीर के लिए घातक सिद्ध हुई थी। उसकी मौत का कारण भी बनी।

एक दिन जब मैं फैक्टरी में जा रहा था दर्शनलाल चौराहे के पास कमला मिल गई। कमला गिरवर की लड़की थी जो उन दिनों आई.टी.आई. में प्रशिक्षण ले रही थी। हम लोग गिरवर के ही मकान में

किराएदार थे। उसने मुझे देखकर रुकने का इशारा किया। उसे आई.टी.आई. पहुँचने में देर हो रही थी। आई.टी.आई. मेरे रास्ते में ही पड़ता था। वह मेरी साइकिल के कैरियर पर बैठ गई थी।

मैंने उसे सर्वे चौक उतार दिया था।

शाम को जब मैं लौटकर आया, मामा ने मेरे खिलाफ मोर्चाबन्दी की हुई थी। मामा ने पता नहीं कैसे देख लिया था या किसी से उन्हें पता चला था, कमला का मेरी साइकिल पर बैठना एक बड़ा जुर्म था उनकी दृष्टि में जबकि यह मात्र संयोग था। जसबीर ने मुझे बहुत डाँटा था। मैंने उन्हें समझाने की कोशिश की थी। लेकिन वे दोनों मेरी बात ही नहीं सुन रहे थे। दोनों ने मिलकर ऐसा हंगामा किया कि थककर मैंने ही चुप्पी साध ली। मुझ पर जो आरोप लगाए जा रहे थे, वे निराधार थे। जो मेरे मन में नहीं था वही थोपा जा रहा था। एक साधारण-सी बात को इतना तूल दे दिया गया था। मेरे मन की शान्ति भंग हो गई थी। घर से भाग जाने का मन हो रहा था।

वह रात मेरे लिए किसी यातना से कम नहीं थी। गिरवर का परिवार और हम एक ही आँगन में थे, हर घड़ी का साथ था। कमला को यदि मैंने अपनी साइकिल पर बैठा भी लिया था, तो ऐसा क्या अपराध हो गया था, जो मुझे इस तरह जलील किया गया?

मैं इस तनाव से मुक्त होने के लिए बेचैन रहने लगा था। किसी ऐसे अवसर की ताक में था, जो मुझे जीवन से आजाद कर दे।

इन दिनों पुस्तकें मेरी सबसे गहरी मित्र थीं, जो हौसला देती थीं। फैक्टरी से लौटकर दो-तीन घरों में ट्यूशन पढ़ाने के लिए जाने लगा था। स्वयं को व्यस्त रखता ताकि मामा से ज्यादा वास्ता ही न पड़े।

इन्हीं दिनों मैंने अंग्रेजी और बँगला से अनुवादित अनेक उपन्यास पढ़े थे। डॉ. अम्बेडकर की पुस्तकें ढूँढ़ने से भी नहीं मिलती थीं उन दिनों।

दशहरे की छुट्टी थी। छावनी क्षेत्र में एक सर्किट हाउस है, जहाँ फूल सिंह रसोइया था। सुरजन अक्सर वहाँ जाता था। उसकी ससुराल की

ओर से फूल सिंह परिचित था; बल्कि एक पारिवारिक रिश्ता भी था उनसे।

दशहरे के दिन हम वहाँ सुबह ही पहुँच गए थे। सर्किट हाउस के पास एक विशाल मैदान है जहाँ छावनी की तमाम गतिविधियाँ केन्द्रित होती थीं। वहीं हेलीकॉप्टर उतरने की पट्‌टी भी बनी हुई थी। जब भी कोई विशिष्ट व्यक्ति देहरादून आता था, इसी पट्‌टी पर हेलीकॉप्टर उतरता था।

दशहरे के दिन इस मैदान में विशेष चहल-पहल रहती थी। मैं और सुरजन भी इस चहल-पहल को देखने वहाँ पहुँच गए थे। हजारों की भीड़ थी मैदान में। भीड़ के बीच एक छोटा-सा गड्‌ढा था जिसके एक किनारे बड़ी-सी मजबूत बल्ली के साथ एक खूब मोटा-तगड़ा भैंसा बँधा हुआ था। उसके पास ही सेना की सशस्त्र टुकड़ी खड़ी थी। एक ओर टेंट लगा था जहाँ कुर्सियों पर कुछ विशिष्ट लोग और उनके परिवारजन बैठे हुए थे।

एक किनारे बैंड बज रहा था, जहाँ कुछ लोग बैंड की धुन पर नाचने की कोशिश कर रहे थे। पूरा माहौल उत्सव और उमंग से भरा हुआ था।

इसी बीच भीड़ को चीरता हुआ एक बलिष्ठ व्यक्ति मैदान में दाखिल हुआ। उसके जिस्म पर मात्र एक जाँघिया था लाल रंग का। सिर पर पगड़ी थी। गले में गेंदे के फूलों की माला। माथे पर लाल टीका। वह एक कसरती बदन का पहलवान जैसा था। हाथों में एक विशाल खुखरी उठाए वह भैंसे के पास आकर रुक गया था।

उसके पीछे-पीछे एक ब्राह्मण पुजारी हाथ में पूजा का थाल लिये हुए चल रहा था। भैंसे के पास पहुँचकर पुजारी ने भैंसे के ऊपर सिन्दूर, चावल, हल्दी फेंके, उसके सींगों पर भी हल्दी लगाई। इस बीच वह लगातार ऊँची आवाज में संस्कृत के श्लोक दोहरा रहा था।

पूजा समाप्त होते ही सेना अधिकारी ने टुकड़ी को 'अटेंशन' का आदेश दिया। उसके दूसरे आदेश पर हवाई फायर होने लगे। साथ ही उस बलिष्ठ व्यक्ति ने दोनों हाथों से खुखरी ऊपर उठाई और पलक झपकते ही भैंसे की गर्दन पर वार किया। देखते-ही-देखते भैंसे का धड़ और सिर अलग-अलग हो गए थे। भैंसे के शरीर से लाल-लाल रक्त के फव्वारे फूट पड़े थे। रक्त गड्‌ढे में जमा हो गया था।

भैंसे की गर्दन कटते ही चारों ओर खुशी की लहर दौड़ गई थी। लोग नाचने लगे थे। जोर-जोर से चिल्ला रहे थे। एक ओर मुर्गों और बकरों की बलि दी जा रही थीं। कुल मिलाकर एक भयावह माहौल था मानो हत्याओं का मेला लगा हो!

मैंने सुरजन से वापस चलने के लिए कहा। मुझे अजीब-सी घुटन हो रही थी। मेरे लिए वहाँ खड़ा रहना मुश्किल था। शक्ति-पूजा के नाम पर होनेवाले पशु-वध ने मुझे विचलित कर दिया था।

आँखों के सामने भैंसे का सिर बल्ली से बँधा लटक रहा था। एक ओर भैंसे का सिरविहीन जिस्म पड़ा था।

देहरादून और उसके आसपास पशु-बलि आम बात थी। देहरादून ही नहीं, गढ़वाल में भी एक देवी खेरावदनी के मन्दिर में प्रतिवर्ष भैंसों की बलि देने की प्रथा थी। यह मन्दिर पौड़ी जनपद के कांडा नामक स्थान पर है। दीपावली के दूसरे दिन भैसों की बलि दी जाती है।

गढ़वाल-कुमाऊँ सीमा के निकट बोरोंखाल (गढ़वाल) व माल्दे (अल्मोड़ा-कुमाऊँ) विकासखंडों के अन्तर्गत आयोजित किए जानेवाले कालिंका मेले में ढाई-तीन हजार पशुओं की बलि दी जाती है।

धार्मिक अनुष्ठान के नाम पर तथा अपनी मनौतियाँ पूर्ण करने की अभिलाषा में आयोजित परम्परागत मेले में जिला प्रशासन की ओर से जिला अधिकारी, विधायक, जनप्रतिनिधि, बड़े-बड़े अधिकारी उपस्थित होते हैं, उनकी मौजूदगी में भैंसों, भेड़ों की बलि दी जाती है।

कालिंका का ये प्रसिद्ध 500 वर्ष पुराना पशु-वध मेला प्रति तीसरे वर्ष आयोजित होता है। मेले में शराब की बिक्री धड़ल्ले से होती है। मेरठ के प्रसिद्ध नौचन्दी मेले और तमिलनाडु के कामाक्षी मेले के समान महत्त्व वाले इस विशाल मेले में प्रादेशिक सेवादल के स्वयंसेवक, होमगार्ड्स एवं राजस्व विभाग के कर्मचारी शान्ति-व्यवस्था बनाए रखने के लिए तैनात किए जाते हैं।

प्राचीन कालिंका मेला गढ़वाल-कुमाऊँ की सांस्कृतिक एकता का अनूठा उदाहरण माना जाता है। इस मेले में महिलाएँ अपनी पारम्परिक वेशभूषा और जेवरातों से सजी-धजी भाग लेती हैं, वहीं पुरुष हाथों में गँड़ासे उठाए, लोकधुनों

पर नाचते-गाते चलते हैं। यह मेला इस क्षेत्र की सांस्कृतिक भावना और सभ्यता का दर्पण है, जो कांडा, मुंडनेश्वर, बुंखाल आदि पशुबलि मेलों की एक कड़ी है।

वर्तमान परिप्रेक्ष्य में ऐसे कर्मकांड धर्म के प्रति सात्त्विक भाव कैसे पैदा करते हैं, यह मेरे लिए हमेशा हैरानी और क्षोभ का कारण रहा है। वह भी देवभूमि कही जानेवाली उत्तराखंड भूमि पर। सचमुच मेरे लिए पशुबलि एक घोर अमानुषिक, हिंसक प्रवृत्ति का प्रतीक है।

ऑर्डनेंस फैक्टरी में एक वर्ष के प्रशिक्षण के बाद एक प्रतियोगितात्मक परीक्षा हुई थी जिसमें मुझे चुन लिया गया था। उच्च प्रशिक्षण के लिए जबलपुर जाना था। जहाँ ऑर्डनेंस फैक्टरी प्रशिक्षण संस्थान खमरिया, जबलपुर में दो वर्ष रहना था। इस चयन-परीक्षा ने मेरे लिए 'प्रगति' के नए द्वार खोल दिए थे।

जबलपुर जाने से पूर्व मैं गाँव गया था पिताजी और माँ से मिलने। पिताजी ने खुश होकर कहा था, "जितना दूर जाओगे उतनी ज्यादा दुनिया देखोगे।" लेकिन माँ चिन्तातुर हो गई थी। उसने जबलपुर का नाम भी नहीं सुना था। बार-बार पूछ रही थी, "यहाँ से कितने कोस है?" माँ ने दिल्ली भी नहीं देखी थी सिर्फ नाम सुना था। माँ की चिन्ता थी, कहाँ रहोगे? क्या खाओगे...वहाँ के लोगों की बोली कैसी होगी...आदि-आदि। मैंने जब उन्हें बताया कि हॉस्टल में रहूँगा, मेस में खाना मिलेगा, वह भी सरकारी खर्च पर तो वह थोड़ा आश्वस्त हो गई थी। एक कपड़े में बाँधकर उसने मुझे दो-तीन किलो गुड़ दिया था।

पिताजी ने मेरा हौसला बढ़ाया था, जबलपुर उन सभी के लिए परदेश था।

देहरादून लौटकर मैंने जबलपुर की तैयारी शुरू कर दी थी। मेरे साथ जानेवालों में विजय बहादुर सोल भी था, जो पंजाब के होशियारपुर जिले का रहनेवाला था। हरियाणा कबीरपुर गाँव में उनकी खेती-बाड़ी थी। पंजाबी जट्ट था वह।

ट्रेनिंग के दौरान ही हमारी दोस्ती हो गई थी। वह पंजाबी ही बोलता था। हिन्दी बोलने में अटकता था।

स्टेशन पर जबलपुर जाने के लिए जब हम पहुँचे, ट्रेनिंग के लड़कों की भीड़ थी। इस भीड़ में जसबीर, जनेसर, विमला, सुरजन, रहती भाभी, जो गाँव से एक-दो दिन के लिए आ गई थी, स्वर्णलता भाभी, उनकी छोटी बहन चन्द्रकला जिसे सभी चन्दर कहकर बुलाते थे, आए थे, मुझे विदाई देने। विदा के क्षण बहुत भारी थे। तमाम अभावों के बीच कुछ कोमल तन्तु थे, जो हमें एक-दूसरे से जोड़े हुए थे।

एक नई और अनजान दुनिया की ओर हमारी गाड़ी चल पड़ी थी। परिचित सब पीछे छूट गए थे। रह गई थीं सिर्फ कुछ स्मृतियाँ।

जैसे-जैसे गाड़ी की गति बढ़ रही थी, विदाई का गम भी छँटने लगा था। कुलभूषण नैयर की चुहलबाजी शुरू हो गई थी। उसका भी चयन जबलपुर के लिए ही हुआ था।

पहली जुलाई, 1968 की शाम पाँच और छह बजे के बीच हम रेलगाड़ी से जबलपुर स्टेशन पर उतरे थे। स्टेशन पर ही हमें ऑर्डनेंस फैक्टरी ट्रेनिंग इंस्टीट्यूट के छात्र मिल गए थे। वे हमें लेने आए थे। उनके मिल जाने से हमने राहत की साँस ली थी। वरिष्ठ छात्र हमें बेहद आत्मीयता से छात्रावास लेकर आए थे। कमरों का आवंटन पहले से तय था। मुझे हॉस्टल नं.1 के कमरा नं. 3 में जगह मिली थी।

प्रशिक्षण संस्थान के छात्रावास में आकर मैंने एक नई दुनिया से साक्षात्कार किया था। ऐसा बहुत-कुछ था जो मेरे लिए अजूबा था। रहने-खाने की चिन्ता नहीं थी। उन दिनों लगभग दो सौ छात्र थे हॉस्टल में, वृक्षों के झुरमुट में चिड़ियों की चहचहाहट शाम होते ही गूँजने लगती है, वैसे ही गाना-बजाना, खेल-कूद, हँसी-मजाक से लेकर तरह-तरह की गतिविधियों से छात्रावास जीवन्त हो उठता था।

हॉस्टल एक शान्त जगह पर था जिसके एक ओर ऑर्डनेंस फैक्टरी, खमरिया थी, तो दूसरी ओर गेरिसन अभियन्ता का कार्यालय, मुख्य मार्ग और हॉस्टल के बीच संस्थान का मुख्य भवन, ऑडिटोरियम आदि थे। आवासीय

क्षेत्र काफी फासले पर था। हॉस्टल के पीछे एक बड़ा-सा नाला बहता था जो हॉस्टल को आवासीय क्षेत्र से अलग कर देता था।

प्रशिक्षण संस्थान में एक बँधी-बँधाई दिनचर्या थी। सुबह उठते ही साढ़े सात बजे प्रशिक्षण संस्थान की वर्कशॉप जाना पड़ता था। यह वर्कशॉप ऑर्डनेंस फैक्टरी के भीतर ही स्थित थी।

सुबह सात बजे चाय-नाश्ता मिल जाता था। दोपहर बारह बजे खाना। उसके बाद एक बजे से शाम साढ़े चार बजे तक संस्थान के मुख्य भवन में तकनीकी शिक्षा के लिए कक्षाएँ होती थीं जिसमें इंजीनियरिंग से सम्बन्धित तकनीकी ज्ञान दिया जाता था।

परस्पर सहयोग के आधार पर छात्रों की एक मेस समिति ही मेस का प्रबन्धन करती थी। फिर भी खाने को लेकर अक्सर लड़ाई-झगड़े होते रहते थे। वरिष्ठ छात्रों की मनमानी भी ऐसे समय में उभर आती थी।

अक्सर रोटियों के कच्चा होने की शिकायत छात्र करते थे। कभी-कभार मारपीट की नौबत भी आ जाती थी। कच्ची रोटियों को लेकर विजय बहादुर और मेरा नजरिया भिन्न था। मैं कभी शिकायत नहीं करता था। विजय बहादुर जब रोटियों को बरबाद करते किसी को देख लेता था, तो वह अपने गुस्से को रोक नहीं पाता था, "ओए, खोत्ते! तू इस रोटी की कीमत नी जाणता! इसे खेत में उगाने में कितनी मेहनत लगती है...तुझे पता है।" उसके इस संवाद को सुनकर कोई भी रोटी फेंकने की हिम्मत नहीं करता था।

सचमुच रोटी की कीमत किसान से ज्यादा और कौन जान पाएगा! विजय बहादुर पंजाब के किसान परिवार से था। मैंने बचपन से रोटी को बहुत मूल्यवान वस्तु माना है, इसे बरबाद करनेवाले लोग मुझे अपराधी लगते थे।

छात्रावास के दिन कुछ लोगों के लिए मस्ती भरे दिन थे, मेरे लिए व्यक्तित्व निर्माण के।

छात्रावास में रहकर ही मैंने पहली बार शतरंज देखी थी। हाथी-घोड़े के इस खेल ने मुझे आकर्षित किया था, जिसे सीखने में मुझे ज्यादा समय नहीं लगा था। छात्रावास में कई साथी थे जो संस्थान से लौटते ही खेलने बैठ जाते थे। मेरे एक प्रशिक्षक थे ओ.पी. गर्ग, जो शतरंज के शौकीन थे। जब उन्हें

पता चला कि मैं भी शतरंज खेलता हूँ तो वे छात्रावास में शतरंज खेलने आने लगे थे। कई बार वे देर रात तक खेलते रहते थे। उन दिनों शतरंज का नशा मुझ पर कुछ ऐसा चढ़ा हुआ था कि इस शतरंज की चालें ही मस्तिष्क में घूमती रहती थीं।

उन्हीं दिनों प्रेमचन्द की कहानी 'शतरंज के खिलाड़ी' पढ़ने को मिल गई थी जिसे पढ़कर ऐसा लगा जैसे शतरंज एक घातक बीमारी है। जिसमें डूबकर अपने घर, परिवार, देश, राज्य तक की सुध-बुध भूल जाते हैं। उफ्! क्या कहानी थी...उस कहानी को पढ़कर मैं कई दिन बेचैन रहा था। असर यह हुआ कि मैं इस खेल से दूर होने लगा था। शतरंज का नशा मुझे ज्यादा दिन बाँध नहीं पाया था।

मैं शतरंज का एक अच्छा खिलाड़ी बनते-बनते रह गया था जिसका मुझे अफसोस नहीं, खुशी हुई थी।

नए परिवेश और नए वातावरण में पहुँचकर एक नया ही अनुभव हुआ था। काफी बड़ा हॉस्टल था, जिसमें लगभग 500 छात्र एक साथ रह सकते थे। बड़े-बड़े कमरे थे। एक-एक कमरे में 10 से 12 छात्र थे। अलग-अलग जगह से आए हुए। मेरे कमरे में देहरादून, मुरादनगर, कानपुर, पूना आदि के छात्र थे।

सभी के पास अपने बिस्तर थे। लेकिन मेरे पास कोई बिस्तर नहीं था। लोहे की चारपाई और एक-एक कुर्सी सभी को मिली थी। मेज का काम दीवार के साथ लगी छोटी अलमारी से चल जाता था। हॉस्टल में पहुँचते ही सबसे पहले बिस्तर की समस्या मेरे सामने आई थी।

मेरे पास एक सस्ता-सा सूटकेस था जिसमें नाममात्र के कपड़े थे। कुछ पढ़ने-लिखने की सामग्री थी। काफी दिनों तक मैं और विजय बहादुर एक ही बिस्तर में सोए थे। लगभग महीने-भर बाद राँझी के एक दुकानदार से कपड़ा लेकर एक गद्दा बनवाया था। गद्दे की कीमत हर महीने थोड़ी-थोड़ी करके चुकाई थी। प्रशिक्षण के दौरान जो भत्ता मिलता था उससे मेस का खर्च निकालकर जो थोड़े पैसे बचते थे उनसे ही बाकी खर्चे पूरे होते थे। बहुत ही तंगी के दिन थे। अन्य साथियों की तरह मौज-मस्ती करने की स्थिति मेरी

नहीं थी। मेरी कोशिश रहती थी कि हर महीने भत्ते में से कुछ पैसे बच जाएँ ताकि मैं पिताजी को मनीऑर्डर कर सकूँ।

कुछ मार्क्सवादी विचार के लड़के भी थे। उनके सम्पर्क में आकर ही मैं मार्क्सवादी साहित्य पढ़ पाया था। विशेष रूप से 'गोर्की की माँ' ने मुझे झकझोर दिया था। चेखव की कहानियों से भी परिचय हुआ था। इन लड़कों के साथ मिलकर मैंने एक थिएटर ग्रुप बनाया था। छात्रावास में नाटकों का पूर्वाभ्यास होता था। संस्थान के ऑडिटोरियम में कई शो भी किए थे।

कविताएँ भी इन दिनों मैं लिखने लगा था। मेरे बराबर के कमरे में गोविन्द मौर्य नाम का एक छात्र था, जो हर वक्त पुस्तकों में डूबा रहता था। राही मासूम रजा का 'आधा गाँव' उन दिनों खासा चर्चित था। गोविन्द मौर्य ने ही मुझे पढ़ाया था। यशपाल का 'झूठा-सच' रात-रात भर जागकर पढ़ा था।

जिस रोज मैं छात्रावास में पहुँचा था, मेरी मेज के ड्रॉअर में रखी 'सारा आकाश' (राजेन्द्र यादव)की प्रति मिली थी। मैं पूरे दो वर्ष उस कमरे में रहा और कई-कई बार उस उपन्यास को पढ़ा। मध्यवर्ग पर इससे बेहतर रचना मेरी नजर से नहीं गुजरी। मैंने ही नहीं और कई लोगों ने इस उपन्यास को उन दिनों पढ़ा था। उन्हीं दिनों छोटे-छोटे एकांकी लिखकर उनका मंचन करना भी मैंने शुरू कर दिया था। स्वयं अभिनय एवं निर्देशन भी करने लगा था। उन दिनों रंगकर्म की यह मेरे लिए शुरुआत थी। उन दिनों खमरिया (जबलपुर) में एक चर्चित रंगकर्मी थे—श्री वर्मा जी। उनके निर्देशन में मैंने कई नाटक किए थे। एक छाया-नाटक भी किया था गांधी शताब्दी के अवसर पर, जिसका प्रदर्शन खमरिया के बड़े मैदान में हुआ था।

विजय बहादुर सोल और मैं एक ही कमरे में रहते थे। दोनों की पीड़ाओं में एक साम्यता यह भी थी कि मेरी पढ़ाई अधूरी रह गई थी और वह भी आगे पढ़ना चाहता था। यह बात दोनों को सालती थी।

हम दोनों ने तय कर लिया था कि कुछ करना है, ए.एम.आई. ई. (इंजीनियरिंग) प्राइवेट परीक्षाओं से पास की जा सकती थी। हम दोनों फॉर्म लेकर आ गए थे। लेकिन फीस भरने लायक पैसे मेरे पास नहीं थे। मैंने फॉर्म नहीं भरा। विजय ने कहा भी था, "यार, तू कहे तो मैं अपने बापू से माँग

लेता हूँ।'' मैंने मना कर दिया था। यानी एक बार फिर पढ़ाई जारी रखने के मंसूबों पर पानी फिर गया था।

जबलपुर में बिताए दिनों ने मुझे बदलकर रख दिया था। मेरी बोलचाल बदल गई थी। उठने-बैठने का रंग-ढंग बदल गया था। कई ऐसे मित्र बन गए थे जो लगातार समसामयिक विषयों पर बहस-मुबाहिसे करते थे। मैं गोष्ठियों और सांस्कृतिक कार्यक्रमों में सक्रिय हो रहा था।

जबलपुर की साहित्यिक गतिविधियों से मैं जुड़ गया था। साहित्य के प्रति मेरा एक नजरिया भी बनने लगा था। कलावादी रचनाओं की जगह जनवादी सोच आकर्षित करती थी।

गाँव से पिताजी के हर पत्र में शादी के लिए 'हाँ' कर देने का आग्रह होता था। उन्हें लग रहा था, मेरी उम्र बढ़ रही है। इतने दिनों में तो लड़के बाप बन जाते हैं। मैं इनकार करता आ रहा था। मैं गृहस्थी के चक्कर से दूर रहना चाहता था। मुझसे दो वर्ष छोटी बहन माया की शादी तीन वर्ष पूर्व हो चुकी थी।

दो वर्ष काफी व्यस्तता में गुजरे थे। ट्रेनिंग भी सुव्यवस्थित चल रही थी। संस्थान में मेरी एक पहचान बन गई थी। हॉस्टल में 'जाति' को लेकर साथियों में कुछ विशेष ऐसा नहीं था जो तकलीफदेह था। हाँ, कभी-कभी दिल्ली, मुरादनगर के साथी छींटाकशी जरूर कर देते थे। देहरादून और मेरठ के लोगों के अलावा किसी को भी पता नहीं था कि मेरी जाति क्या है जबकि मेरे नाम के साथ 'वाल्मीकि' उपनाम जुड़ा हुआ था।

संस्थान में कई लोग थे जिनका सान्निध्य मुझे मिला। एक श्री लाल जी थे जो मुझे हमेशा अपने घर बुलाते थे। प्रकाश काम्बले थे जिनसे मैंने बहुत कुछ सीखा था।

इन्हीं दिनों ऑर्डनेंस फैक्टरी ट्रेनिंग इंस्टीट्यूट, अम्बरनाथ (बम्बई) में ड्राफ्टमैन की ट्रेनिंग के लिए आवेदन माँगे गए थे। हमारे संस्थान के लगभग सभी छात्रों ने आवेदन किया था। अखिल भारतीय प्रतियोगिता के आधार पर इस प्रशिक्षण के लिए चयन होना था। लिखित परीक्षा में मेरा चयन हो गया था। साक्षात्कार के लिए बम्बई जाना था। फिर आर्थिक समस्या खड़ी हो गई

थी। विजय ने कुछ रुपए दिए थे। तभी मैं साक्षात्कार के लिए जा पाया था।

खमरिया से प्रशिक्षण पूरा होते-होते बम्बई से बुलावा आ गया था। खुशी तो हुई थी, लेकिन परिवार की जीर्ण अवस्था आँखों में घूम रही थी।

प्रशिक्षण खत्म होते ही ऑर्डनेंस फैक्टरी में काम मिल जाने की पूरी सम्भावना थी। काम मिल जाने का अर्थ था—आर्थिक स्थिति में सुधार। जीविका के लिए नौकरी की जरूरत थी। इसीलिए आगे ढाई वर्ष और ट्रेनिंग कर पाना मुश्किल था। मैंने अपने संस्थान के वरिष्ठ प्रशिक्षक श्री थोमस के सामने अपनी समस्या रखी। उन्होंने गम्भीरता से मेरी बात सुनी और कहा, "जहाँ इतने दिन चल गया है, ढाई वर्ष और चलने दो। अम्बरनाथ (बम्बई) के प्रशिक्षण के बाद तुम एक अच्छी स्थिति में आ जाओगे।"

उन्होंने मुझे सौ रुपए भी दिए थे। मैंने बहुत कहा, "नहीं सर, ये रुपए नहीं लूँगा," लेकिन वे नहीं माने; "रख लो, बम्बई बड़ा शहर है, जरूरत पड़ेगी। नौकरी लग जाने पर लौटा देना।"

सौ रुपए एक वरिष्ठ साथी यशपाल कालिया ने दिए थे। इन दो सौ रुपयों की बदौलत ही मैं बम्बई पहुँच पाया था।

विजय बहादुर सोल को जबलपुर में छोड़कर मैं बम्बई के लिए रवाना हो गया था। उससे अलग होने की पीड़ा से मेरा मन भारी था। तीन वर्षों से हर पल का साथ था। विजय की आँखों में भी आँसू थे। विजय और मेरे बीच गहरे सम्बन्ध बन गए थे। उसके बगैर मुझे अधूरापन महसूस होता था। अपनों से कहीं ज्यादा था मेरे लिए विजय बहादुर सोल।

खमरिया हॉस्टल में रहते हुए मेरे पास काफी पुस्तकें हो गई थीं। उन्हें बम्बई ले जाने के लिए मेरे पास उस समय कोई साधन नहीं था। व्हेकिल फैक्टरी, जबलपुर में, मेरे एक साथी थे करनसिंह। मैं और विजय कुछ दिन उसके ही साथ रहे थे। बम्बई जाने से पहले मैंने अपनी तमाम पुस्तकें उसके पास रख दी थीं। उसने भी वादा किया था, किसी के साथ बम्बई भेज देगा। लेकिन हालात कुछ ऐसे बनते गए, न मैं लौटकर जबलपुर आ सका और न करनसिंह ने पुस्तकें भेजीं। कुछ दिन पत्र व्यवहार भी चला। लेकिन कुछ समय बाद पत्रों का सिलसिला भी टूट गया था। करनसिंह को और विजय

सोल को मेरी उन साहित्यिक पुस्तकों में कोई रुचि नहीं थी। उनके लिए वे रद्दी से ज्यादा कोई अहमियत नहीं रखती थीं। उसी में 'सारा आकाश' की वह प्रति भी थी, जो किसी अजनबी ने मेज की ड्राअर में मेरे लिए रख छोड़ी थी या भूल से छूट गई थी।

आठ जुलाई, 1970 की शाम थी। मैं अपने थोड़े-से सामान के साथ ऑर्डनेंस फैक्टरी ट्रेनिंग संस्थान, अम्बरनाथ के छात्रावास में पहुँचा था। कल्याण रेलवे स्टेशन पर संस्थान की गाड़ी खड़ी थी। जबलपुर से और भी कई लोग आए थे।

छात्रावास अम्बरनाथ की पहाड़ी की तलहटी में एक खूबसूरत स्थान पर था। ऑर्डनेंस फैक्टरियों में इस संस्थान और इसके छात्रावास की एक विशिष्ट महत्ता थी। यहाँ प्रशिक्षित तकनीशियन, ड्राफ्ट्समैन भारत के श्रेष्ठ तकनीशियनों और ड्राफ्ट्समैन में गिने जाते थे। छात्रावास में शाम बेहद जीवन्त होती थी। जिमनास्टिक, इंडोर गेम्स आदि की सुविधाओं के साथ स्वीमिंग पूल एवं पुस्तकालय, वाचनालय भी थे।

छात्रावास का पुस्तकालय देखकर मैं रोमांचित हो उठा था। इसी पुस्तकालय में मैंने पास्तरनाक, हेमिंग्वे, विक्टर ह्यूगो, पियरे लूई, टॉलस्टाय, पर्ल एस बक, तुर्गनेव, दॉस्तोएवस्की, स्टीवेंसन, आस्कर वाइल्ड, रोम्याँ रोला, एमिल जोला को पढ़ा था। यहीं रहते हुए रवीन्द्रनाथ टैगोर, कालिदास का सम्पूर्ण वाङ्मय पढ़ा।

छात्रावास के एक-एक कमरे में दस-दस छात्र थे। मेरे साथ थे सुदामा पाटिल (मराठी, भुसावल), वी.के. उपाध्याय (कानपुर), पी.सी. मृधा (बंगाली), के.सी. राय (बंगाली), दिलीप कुमार मित्रा (बंगाली), बी.के. जॉन (कटनी, म. प्र.), गौर मोहन दास (बंगाली, कलकत्ता) और गुलाटी (सिक्ख)।

सुदामा पाटिल से जल्दी ही घनिष्ठता बन गई थी। उसे भी साहित्य में रुचि थी। नाटकों के प्रति उसमें गहरा लगाव था।

प्रत्येक शनिवार-रविवार को हम दोनों बम्बई नाटक देखने पहुँच जाते थे। कभी-कभी सप्ताह के बीच में कोई अच्छा प्रदर्शन हुआ तो हॉस्टल से चोरी-छिपे जाना पड़ता था। दस बजे रात में छात्रावास के गेट पर ताला लग जाता था। दीवार छलाँगकर आने में पकड़े जाने का डर रहता था। कई बार नाले के रास्ते हम लोग छात्रावास में पहुँच जाते थे।

एक रोज गेट के ताले की चाबी मेरे हाथ लग गई थी। उसी रोज मैंने फैक्टरी में जाकर एक चाबी बना ली थी। चाबी बनते ही हमारी समस्याओं का समाधान हो गया था।

लेकिन एक रोज हम दोनों फँस ही गए थे। रात बारह बजे तक दरबान पुस्तकालय के बरामदे में सो जाता था। हम चुपके-चुपके बन्द ताला खोलकर अन्दर आ जाते थे। अन्दर आकर फिर से ताला बन्द कर देते थे। उस रोज दरबान जाग रहा था। हमें ताला खोलते देखकर वह चिल्लाया। ताला खुल चुका था। हम अन्दर आ गए।

उसने वार्डन से शिकायत करने की धमकी दी। मैंने उससे पूछा, ''क्या शिकायत करोगे?''

''तुम लोग ताला खोलकर बाहर से अन्दर आए हो।'' दरबान ने कहा।

मैंने उसे डाँटते हुए कहा, ''हम बाहर नहीं, अन्दर ही थे। तुम ताला लगाना ही भूल गए हो। इसे बन्द करो।''

काफी गर्मागर्मी हो गई थी। हो-हल्ला सुनकर वार्डन उपाध्याय भी वहाँ आ गए थे। मुझे देखते ही बोले, ''महर्षि, तुम यहाँ क्या कर रहे हो?'' (वे मुझे इसी नाम से बुलाते थे।)

मैंने पूरे आत्मविश्वास से कहा, ''वार्डन साहब, ये दरबान ताला बन्द करना भूल गया है। देखो, ताला खुला हुआ है अभी तक। नही इसे समझाने की कोशिश कर रहा था। लेकिन यह मानता ही नहीं है।''

उस रोज किसी तरह मामला रफा-दफा हो गया था। लेकिन वार्डन को हम दोनों पर शक था। हमने भी कुछ समय के लिए अपनी गतिविधियाँ स्थगित कर दी थीं।

अम्बरनाथ के गांधी आश्रम में श्रीराम लागू के अभिनीत नाटक का

मंचन था। नाटक के टिकट बहुत ही मुश्किल से मिले थे। 'नट सम्राट' की भूमिका में श्रीराम लागू ने धूम मचा रखी थी। मेस से खाना खाकर हम लोग चुपचाप बाहर निकल आए थे। साढ़े नौ बजे से नाटक था। उस समय सवा नौ बज चुके थे। पाटिल और मैं जल्दी-जल्दी स्टेशन जानेवाली सड़क से जा रहे थे। अचानक सामने से उपाध्याय जी आते दिखाई पड़े। उन्होंने भी हमें देख लिया था।

"महर्षि, इस वक्त कहाँ चले?" उन्होंने डाँटते हुए पूछा।

हम दोनों एक-दूसरे का मुँह देख रहे थे। अचानक पाटिल बोल पड़ा, "सर, सिर में दर्द था। स्टेशन तक जा रहे हैं, चाय-कॉफी पीकर अभी लौट आएँगे।"

"क्यों, मेस में चाय-कॉफी नहीं मिलती?"

"मिलती तो है सर, लेकिन आज दूध नहीं बचा। इसीलिए स्टेशन तक जा रहे हैं।" पाटिल ने बहाना मारने की कोशिश की।

उपाध्याय जी ने कहा, "आओ मेरे साथ, मैं कॉफी पिलाऊँगा।" वे हमें रोककर अपने क्वाटर पर ले आए। नाटक के टिकट हमारी जेब में कुनमुना रहे थे। समझ में नहीं आ रहा था, इनसे पीछा कैसे छुड़ाएँ।

हमें ड्राइंग रूम में बैठाकर उन्होंने अपनी पत्नी से चाय बनाने को कहा और सामने सोफे पर बैठ गए। मैंने पाटिल की ओर कनखियों से देखा। वह अन्दर-ही-अन्दर मुस्कुरा रहा था।

श्रीमती उपाध्याय जैसे ही चाय बनाने के लिए रसोई में घुसीं, मैंने उठते ही कहा, "अम्मा जी, वार्डन साहब बेकार में आपको तकलीफ दे रहे हैं। लाइए, चाय मैं बनाता हूँ।"

वे मुझे देखते ही खुश हो गईं, "महर्षि! तुम आए हो, बैठो-बैठो...मैं बनाती हूँ चाय।"

मैंने उनके पास जाकर धीरे से कहा, "अम्मा जी, आज हम दोनों गांधी स्कूल में नाटक देखने जा रहे थे। वार्डन साहब घेरकर यहाँ ले आए। ये देखो टिकट। लेकिन उन्हें पता नहीं है।"

अम्मा जी ऊपर से नीचे मुझे घूरते हुए बोलीं, "अच्छा नाटक है?"

मैंने कहा, "अम्मा, बहुत अच्छा है।"

"तो जाते क्यों नहीं?" वे हँसते हुए बोलीं।

"कैसे जाएँ, वार्डन साहब इजाजत नहीं देंगे।" मैंने रुआँसा होकर कहा।

वे उठकर ड्राइंग रूम में आ गईं, "अरे कैसे वार्डन हो! बच्चों को घूमने-फिरने भी नहीं देते...जाओ महर्षि...लेकिन जल्दी ही लौट आना।" उपाध्याय जी कुछ बोल नहीं पाए थे। हम दोनों ने जो दौड़ लगाई, सीधे गांधी स्कूल में आकर ही दम लिया।

नाटक शुरू हो चुका था। रात एक बजे शो छूटा था। हॉस्टल का ताला खुला छोड़कर दरबान सोया हुआ था। सुदामा ने ताला बन्द करते हुए कहा, "जय अम्मा जी!"

उन दिनों हमने विजय तेन्दुलकर के मराठी नाटक 'सखाराम बाइंडर', 'गिधाड़े', 'खामोश अदालत जारी है' देखे थे। बम्बई में थिएटर यूनिट के 'हयवदन', 'आषाढ़ का एक दिन' आदि में अमरीश पुरी, अमोल पालेकर, सुनीला प्रधान, सुलभा देशपांडे के अभिनय ने इन नाटकों को सजीव बना दिया था।

छात्रावास में भी हमने एक नाट्य-दल गठित कर लिया था। नाटकों का पूर्वाभ्यास शुरू कर दिया था। अम्बरनाथ में कई जगह हमने मंचन भी किए थे।

इसी बीच पूना में गँवई-बन्धु कांड हो गया था। पूना के पास एक गाँव में सवर्णों ने गँवई बन्धुओं की आँखें फोड़ दी थीं। इस घटना से बम्बई-पूना में तनाव बढ़ गया था। दलित-पेंथर की सुगबुगाहट शुरू हो चुकी थी। इस घटना को पार्श्व में रखकर मैंने दलित समस्याओं पर एक लेख नवभारत टाइम्स (बम्बई)को भेजा था जो उसी बीच छप गया था। इस लेख पर जबरदस्त प्रतिक्रियाएँ हुई थीं। शिव सेना के समर्थक सरकारी कर्मचारियों ने मेरे इस लेख की शिकायत संस्थान के प्रिंसिपल श्री देसाई से की थी।

प्रिंसिपल ने मुझे अपने कार्यालय में बुलाकर नवभारत टाइम्स की वह प्रति मेरे सामने रख दी थी, "यह तुमने लिखा है?"

"जी।"

उन्होंने दुबारा पूछा, "ठीक से देखकर बताओ, यह लेख तुम्हारा है?"

"जी, मेरा ही है," मैंने स्वीकार किया।

"तुम सरकारी संस्थान में हो, इसके आधार पर तुम्हारे विरुद्ध अनुशासनात्मक कार्यवाही हो सकती है।"

मैं चुप रहा। थोड़ी देर बाद वे बोले, "ट्रेनिंग के दौरान ये सब मत करो...निकाल दिए जाओगे।...जाओ...आगे से ध्यान रखना।" उन्होंने मौखिक चेतावनी देकर मुझे छोड़ दिया था। लेकिन इस लेख के कारण छात्रावास में कुछ साथियों का व्यवहार बदल गया था। वे मेरी 'जाति' ढूँढ़ने लगे थे, क्योंकि मैंने दलितों के प्रति अपनी संवेदना दिखाई थी जो उनकी दृष्टि में मेरा अपराध था।

इसी बीच सुदामा पाटिल ने आचार्य अत्रे के एक नाटक 'मारुची मावशी' का हिन्दी अनुवाद कर डाला था। उसमें मुख्य भूमिका मेरी ही थी। नाटक के प्रथम मंचन के बाद अम्बरनाथ के लोग मुझे एक रंगकर्मी के तौर पर पहचानने लगे थे। ओमप्रकाश वाल्मीकि के बजाय वे उस पात्र के नाम से मुझे पुकारते थे। मैं अपने भीतर उत्साह महसूस करने लगा था। इसी दौरान अम्बरनाथ के मराठी रंगकर्मी कुलकर्णी से परिचय हुआ था जो आगे चलकर घनिष्ठता में बदल गया था। कई चर्चित निर्देशकों के साथ काम करने का अवसर भी मिला था।

जहाँ एक ओर मैं अपने लिए रास्तों की तलाश में भटक रहा था, वहीं बार-बार पिताजी के पत्र आ रहे थे। वे मेरी शादी करने के लिए चिन्तित थे। मुझे प्रशिक्षण के दौरान जो भत्ता मिल रहा था, उसमें से मेस का खर्च निकालकर हर महीने एक निश्चित राशि पिताजी को भेज देता था। हाथ में जो बचते थे, बस उनसे ही खर्च चल रहा था। नाटक के टिकट में हमें छूट मिल जाती थी। विद्यार्थी होने का लाभ हम उठाते थे, रेल में बिना टिकट यात्रा करने के हथकंडे हमने सीख लिये थे। दादर, वी. टी. चर्चगेट के टिकट चेकर्स को चमका देने के कई फॉर्मूले हमने ईजाद कर रखे थे। कम-से-कम खर्च में हम बम्बई भ्रमण कर लेते थे।

इन्हीं दिनों मेरा परिचय मराठी के दलित साहित्य से हुआ था। दलित

साहित्य की रचनाएँ मराठी-साहित्य को एक नई पहचान दे रही थीं। दया पँवार, नामदेव ढसाल, राजाढाले, गंगाधर पानतावणे, बाबूराव वागूल, केशव मेश्राम, नारायण सुर्वे, रामन निम्बालकर, यशवन्त मनोहर के शब्द रगों में चिनगारी भर रहे थे। ऐसी अभिव्यक्ति जो रोमांचित कर एक नई ऊर्जा से भर रही थी।

मैं जैसे-जैसे दलित साहित्य के सम्पर्क में आ रहा था, मेरे लिए साहित्य के अर्थ बदल रहे थे। सुदामा पाटिल ने इन दिनों मेरी बहुत मदद की थी। मेरा मराठी का ज्ञान धीरे-धीरे विकसित हो रहा था।

जबलपुर से गोविन्द मौर्य भी इस संस्थान में अगले बैच में आ गया था। अब हम दो से तीन हो गए थे। हम तीनों ने मिलकर बम्बई की वे तमाम दुकानें छान डाली थीं, जहाँ हिन्दी पुस्तकें मिलती हैं। गिरगाँव में हिन्दी ग्रन्थ रत्नाकर के मालिक से मित्रता हो गई थी। महीने में कम-से-कम एक बार हम हिन्दी ग्रन्थ रत्नाकर अवश्य जाते थे।

हमारी मंडली में विजय शंकर, नरेन्द्र गोगिया, अमित अग्रवाल, राजेश वाजपेयी भी जुड़ गए थे। प्रशिक्षण की तकनीकी पढ़ाई के साथ साहित्यिक अभिरुचि का यह संसार हमारे भीतर लगातार एक नई चेतना भर रहा था।

छात्रावास के मस्ती भरे दिनों में भी हम जीवन की कटु और दुर्दम्य सच्चाइयों को महसूस कर रहे थे। छुट्टी होते ही हमारे साथी पिकनिक और सिनेमा की ओर भागते थे। हम गम्भीर समस्याओं पर लम्बी-लम्बी बहसों में घंटों बिता देते थे। उन तमाम कार्यक्रमों में हम शामिल थे जो सामाजिक बदलाव की प्रक्रिया तेज करें।

कई बार विजय शंकर कहता था, "यार, तुम लोग कभी जवान भी हुए हो या नहीं... ?"

हॉस्टल में जवानी का अर्थ ही कुछ और था जिसमें हम फिट नहीं होते थे, क्योंकि साहित्य जैसी फालतू चीजों ने हमारे मस्तिष्क झुलसा दिए थे।

ऑर्डनेंस फैक्टरी प्रशिक्षण संस्थान, अम्बरनाथ (बम्बई) हॉस्टल संस्थान से ज्यादा दूर नहीं था। पहाड़ी की तलहटी में हॉस्टल बना था। खूबसूरत जगह थी। मेरा रूम पार्टनर सुदामा पाटिल भुसावल का रहनेवाला था।

पाटिल का एक मित्र रमेश था जो भुसावल का ही रहनेवाला था। उसी ने हमारा परिचय कुलकर्णी से कराया था। विनायक सदाशिव कुलकर्णी, कॉलोनी के फ्लैट में रहता था। अम्बरनाथ में होनेवाली सांस्कृतिक गतिविधियों का केन्द्र था कुलकर्णी।

एक–दो मुलाकातों के बाद ही हमारे बीच आत्मीयता बन गई थी। अक्सर शाम को उनके फ्लैट में पहुँच जाते थे। कुलकर्णी मीट–मछली खाने का शौकीन था। घर की रसोई में सम्भव नहीं था। इसलिए रविवार की दोपहर मेस में बना मीट उन्हें खींच लाता था। बातचीत में आत्मीय थे। उम्र में हम दोनों से काफी बड़े थे? उनकी छोटी बेटी सविता मेरी हमउम्र थी। कॉलेज में पढ़ती थी।

हर रविवार कुलकर्णी के मेस में खाना खाने से सुदामा पाटिल और मेरे मेस बिल बढ़ने लगे थे। प्रशिक्षण के दौरान मिलनेवाले भत्ते से मुझे गाँव पिताजी को पैसा भेजना पड़ता था। पाटिल की स्थिति भी वैसी ही थी। मुझसे बेहतर जरूर थी। लेकिन दो छोटे भाई कॉलेज में पढ़ रहे थे, उनका खर्चा भेजना पड़ता था। हम दोनों काफी मितव्ययिता से चलते थे, फिर भी हाथ तंग रहता था। मेरे पास कपड़ों की भी तंगी थी। बस, किसी तरह खिंच रहा था। ऐसे में कुलकर्णी का हर इतवार मेस में लंच लेना खर्चा बढ़ानेवाला था। एक दिन सुदामा पाटिल ने दुखी मन से कहा था, ''ये बामन हर रविवार टपक पड़ता है।''

हमारी शामें कुलकर्णी के घर गुजरती थीं, लेकिन खाना लौटकर मेस में ही खाते थे।

सुदामा पाटिल को उपवास, पूजा आदि में विश्वास था। नियमित मन्दिर जाता था। अम्बरनाथ में एक खूबसूरत प्राचीन शिवमन्दिर है। पाटिल सप्ताह में दो दिन इस मन्दिर में जाता था। मुझे इन सबमें कोई रुचि नहीं थी। अम्बेडकर और मार्क्सवादी साहित्य ने मेरी सोच बदल दी थी। लेकिन पाटिल के साथ मैं मन्दिर तक जाता था और पुलिया पर बैठ जाता था। शान्त जगह पर मन्दिर परिसर मोहक लगता था।

अक्सर मिसेज कुलकर्णी सविता के साथ मन्दिर जाती थीं। कई बार

मन्दिर परिसर में हम लोग साथ होते थे।

एक रोज मुझे पुलिया पर बैठे देखकर सविता भी वहीं बैठ गई थी। मिसेज कुलकर्णी मन्दिर में चली गई थीं।

"आप मन्दिर में क्यों नहीं जाते?" सविता ने सहजता से पूछा था।

"पत्थर की इन मूर्तियों में मेरी कोई आस्था नहीं है।" मैंने अपने मन की बात कह दी थी।

वह मुझसे सटकर बैठी थी। मुझे एक अजीब-सा अहसास गुदगुदा रहा था।

वह जिद करने लगी थी, "चलो, मन्दिर में चलते हैं। सुदामा दादा (बड़े भैया) अन्दर हैं।"

"हाँ, पाटिल अन्दर है। आप भी जाओ। मैं यहीं ठीक हूँ।" मैंने उसे टालना चाहा था। वह चुपचाप पुलिया पर बैठ गई थी। कुछ देर की चुप्पी के बाद बोली, "आप इतना चुप क्यों रहते हैं?"

"मुझे सुनना अच्छा लगता है।" मैंने सहज भाव में कहा था।

वह खिलखिला पड़ी थी। उसका हँसना मन्दिर की घंटियों जैसा था।

अचानक उसने कहा, "आप फिल्म देखते हैं?"

"हाँ...कभी-कभी..."

"हमारे साथ चलोगे?" उसने मेरी बाँह को अपनी बाँह में लपेट लिया था।

मैंने टालने की गरज से कह दिया था कि सुदामा पाटिल से पूछकर बताऊँगा।

सविता नाराज हो गई थी, "क्यों, आप मेरे साथ नहीं चल सकते?" उस रोज कहीं मन में झरना फूटने की कल-कल सुनाई पड़ी थी। स्वभाव संकोची था। पारिवारिक परिवेश दिलोदिमाग पर हावी था। इस अहसास की भनक स्वयं को भी लगने नहीं दी थी क्योंकि हम दोनों के बीच कई तरह के फासले थे, जो लगातार मुझे रोकते थे।

ऐसी छोटी-मोटी घटनाएँ कई बार हुई थीं जो इस बात का संकेत थीं कि उसका झुकाव मेरी ओर बढ़ रहा है। वह हॉस्टल में भी आने लगी थी।

सुदामा उसे हॉस्टल आने से रोकता था। कभी-कभी डाँट भी देता था। लेकिन सुदामा की डाँट का उस पर कोई फर्क नहीं पड़ता था। हॉस्टल में वह मेरी किताबों को उलट-पुलटकर देखती थी। कभी-कभी इधर-उधर फैली किताबों को करीने से सजा देती थी। मेस का खाना उसे पसन्द नहीं था। वह शाकाहारी थी।

दीपावली से एक दिन पहले चतुर्दशी की सुबह मिसेज कुलकर्णी ने अपने घर बुलाया था। वह भी सुबह चार बजे। मैंने पाटिल से पूछा तो सुनकर वह हँस पड़ा था। मेरी समझ में नहीं आया था पाटिल के हँसने का कारण। मैंने जोर देकर पूछा तो बोला, "मजा करो, मिसेज कुलकर्णी तुम्हें तेल और उबटन से नहलाएँगी।"

"मतलब... ?" मैंने आश्चर्य से पूछा।

पाटिल ने बताया था कि महाराष्ट्रियन ब्राह्मणों में यह एक परम्परा है। घर की स्त्री परिवार के पुरुष सदस्यों को उबटन और तेल मालिश करके स्नान कराती हैं ब्रह्ममुहूर्त में।

उसकी बात सुनकर मैंने उससे पूछा था कि तुम जाओगे। उसने मना कर दिया था। साथ ही कहा भी था कि उसे नहीं बुलाया है।

उस रात मैं ठीक से सो नहीं पाया था। एक तो सुबह चार बजे उठकर जाना था। दूसरे, मैं एक अजीब से अन्तर्द्वन्द्व में फँसा हुआ था। कुलकर्णी परिवार की आत्मीयता मुझे आकर्षित भी कर रही थी, फिर भी पारिवारिक स्थितियों के कारण संकोच था।

बरामदे में तीन चौकियाँ रखी थीं। कुलकर्णी, अजय और मैं चौकियों पर बैठ गए थे। उस वक्त मुझे रह-रहकर अपने घर-गाँव का दमघोटू वातावरण याद आ रहा था।

मिसेज कुलकर्णी ने बारी-बारी से हम तीनों को उबटन और तेल लगाया था। तेल से मोहक सुगन्ध आ रही थी। मैंने कच्छे के ऊपर तौलिया लपेट रखा था। मिसेज कुलकर्णी ने तौलिए को अलग रख देने के लिए कहा। मैंने कहा कि मुझे संकोच होता है। मिसेज कुलकर्णी ने तौलिया छीनते हुए कहा, "तुम मेरे बेटे अजय जैसे हो। फिर माँ से कैसी शर्म!" उस क्षण मेरा मन

भावुकता से भर गया था। बरबस अपनी माँ की याद आ गई थी, जो कुछ दिनों से बीमार थी।

मिसेज कुलकर्णी के हाथों के नरम, कोमल, वात्सल्यपूर्ण स्पर्श ने मुझे अपनी माँ के खुरदरे स्पर्श की याद दिला दी थी। सिरहाने बैठकर जब माँ मेरे बालों में उँगलियाँ घुमाती थी, मेरी चेतना जैसे नींद की गोद में समा जाती थी।

मिसेज कुलकर्णी ने गुसलखाने में गरम पानी से नहलाया था। मुझे लगातार एक अज्ञात भय सता रहा था कि यदि इन्हें इसी वक्त पता चल जाए कि मेरा जन्म एक अछूत जाति 'चूहड़ा' में हुआ है तो अंजाम क्या होगा?

उन्हीं दिनों पूना में गँवई बन्धुओं की आँखें फोड़ दी गई थीं, जिसे लेकर दलित समाज ने बम्बई-पूना में एक जबरदस्त आन्दोलन खड़ा कर दिया था।

कुलकर्णी परिवार से मुझे बेइन्तहा प्यार और विश्वास मिला। कभी पराएपन का एहसास नहीं हुआ। लेकिन सविता का मेरी ओर झुकते जाना मुझे भयभीत कर रहा था। मैं ऐसे क्षणों में असहज हो जाता था। सविता जितना करीब आती, मैं भागने की कोशिश करता।

एक रोज कुलकर्णी के घर प्राध्यापक काम्बले से भेंट हुई। कुलकर्णी और काम्बले में मराठी नाटकों पर कोई गम्भीर चर्चा चल रही थी। मैं और पाटिल इस चर्चा को चुपचाप सुन रहे थे।

इसी बीच मिसेज कुलकर्णी चाय लेकर आई थीं। चाय पीते-पीते मेरा ध्यान काम्बले के प्याले पर गया। प्याला हमारे प्यालों से अलग था। मैंने सुदामा पाटिल से पूछा। उसने कुहनी मारकर मुझे चुप करा दिया था।

लौटते समय मैंने फिर वही बात छेड़ दी, पहले तो वह टालता रहा, आखिर उसने बता ही दिया, "मराठी ब्राह्मण वह भी पूना के ब्राह्मण महारों को अपने बर्तन छूने नहीं देते इसलिए उनके अलग बर्तन रखे जाते हैं। चाय के जूठे कप मिसेज कुलकर्णी उठाने आई थीं, लेकिन काम्बले का कप कुलकर्णी उठाकर ले गया था।"

यह सब सुनकर मेरी कनपटियाँ गरम हो गई थीं, जैसे किसी ने गरम पारा उड़ेल दिया हो!

"क्या सभी दलितों के साथ उनका व्यवहार ऐसा ही है?" मैंने पाटिल से जानना चाहा था। मेरे गाँव में छुआछूत का भेदभाव था। उन दिनों देहरादून और उ.प्र. की स्थिति तो और अधिक खराब थी। बम्बई जैसे महानगर में पढ़े-लिखे लोगों में ऐसी स्थिति की कल्पना से ही मेरे भीतर एक गरम लावे का स्रोत फूटने लगा था।

"हाँ, ऐसा सभी के साथ है।" पाटिल ने साफगोई से कहा।

पाटिल के मन में बाबा साहेब अम्बेडकर के प्रति आदर-भाव था। दलित-आन्दोलन के प्रति उसके मन में सहयोग भावना थी। वह सवर्ण होते हुए भी संकीर्ण नहीं था।

मैं अपने मन में उठते बवंडर को पहचान चुका था। यह घटना मुझे अव्यवस्थित कर रही थी।

मैंने पाटिल से पूछा था, "मेरे बारे में वे जानते हैं?"

"शायद नहीं...वाल्मीकि सरनेम से शायद ब्राह्मण समझते हैं। तभी तो उस रोज दीपावली पर स्नान के लिए बुलाया था।" पाटिल कुछ-कुछ गम्भीर होने लगा।

"तुमने उन्हें बताया नहीं कभी..." मैंने उद्विग्नता से पूछा था।

"क्यों बताता?...दलित होना क्या अपराध है?" पाटिल ने गुस्से में कहा।

"कल यदि उन्हें पता चल जाए...तो... ?" मैंने शंका व्यक्त की।

"तो दोषी तुम कैसे हो गए?...उन्होंने भी पूछा नहीं...तो हम अपनी ओर से ढिंढोरा पीटें? हाँ, यदि वे पूछते और तुम झूठ बोलकर उनके दायरे में शामिल हो जाते तब तुम्हारा दोष माना जा सकता था...वह भी झूठ बोलने का।" पाटिल ने दृढ़ता से कहा।

इस घटना के बाद मैं सहज नहीं हो पाया था। मेरी अपनी बेचैनी मुझे तंग कर रही थी। ऐसे माहौल को मैं सहन नहीं कर पाता हूँ। सब कुछ झूठ लगता है।

पाटिल से मेरी बेचैनी छिपी नहीं थी। उसने समझाने की कोशिश की, "बामनों का पूरा दर्शन ही झूठ और धोखे पर आधारित है...भूल जाओ और मजे करो।"

ऐसे प्यार और सम्मान का आकांक्षी मैं नहीं हूँ जो झूठ के सहारे मिले। मैं गहरे अन्तर्द्वन्द्व से गुजर रहा था उन दिनों।

इसी पसोपेश में कई दिन हो गए थे कुलकर्णी के घर गए हुए। इन्तजार करके सविता आ गई थी हॉस्टल में। मैं सविता से खुलकर बात करना चाहता था। लेकिन हॉस्टल में यह सम्भव नहीं था। मैंने सविता से कहा, "मुझे तुमसे कुछ बात करनी है...अकेले में..."

"अकेले में...क्या बात है?" उसने शरारत से आँख नचाते हुए पूछा।

"..."

"कल शाम को मन्दिर चलते हैं..."

"लेकिन आपकी माँ साथ होंगी?" मैंने शंका जताई।

"नहीं, मैं अकेले ही आऊँगी।" उसने आश्वस्त किया।

सविता के लौट जाने के बाद मैंने पाटिल से कहा कि मैं सविता से साफ-साफ कह दूँगा। पाटिल ने मुझे रोकना चाहा था, "नहीं, यह तमाशा मत करो। बावेला खड़ा हो जाएगा।"

लेकिन मैंने उस रोज तय कर लिया था। बात साफ हो जानी चाहिए। जो भी होगा, देखा जाएगा। उन दिनों बम्बई-पूना में दलित-आन्दोलन जोरों पर था।

सविता मुझे अम्बरनाथ रेलवे स्टेशन पर 'उपकार' रेस्टोरेंट के पास मिल गई थी। उसने सफेद रंग का स्कर्ट-ब्लाउज पहन रखा था जो उसके दूधिया रंग पर खूब फब रहा था। उसकी आँखों में मोहकता भरी हुई थी। चाल में अल्हड़पन था। वह अपनी आदत के अनुसार कुछ-न-कुछ बोलती ही जा रही थी। मैं सिर्फ 'हूँ', 'हाँ', में जवाब दे रहा था। दरअसल मैं तय नहीं कर पा रहा था कि बात कहाँ से और कैसे शुरू करूँ।

अचानक सविता को जैसे कुछ याद आ गया, "अरे, मैं तो भूल ही गई थी! आप कुछ बात करनेवाले थे?" उसने आँखें बड़ी-बड़ी करके मेरी ओर देखा। क्षण भर को लगा था जैसे मैं कह नहीं पाऊँगा।

साहस बटोरते हुए मैंने कहा, "तुम्हारे घर उस रोज जो प्राध्यापक काम्बले आए थे..." मेरी बात पूरी भी नहीं हुई थी, सविता ने बात काट दी।

''वह महार...एस.सी.,'' उसके इस अन्दाज से ही मेरी कनपटियाँ गरम हो गई थीं।

''हाँ...वही...'' मैंने कटुता से कहा था।

''आज अचानक उसका खयाल कैसे आ गया इस वक्त!'' सविता ने हैरानी से पूछा।

''उसे चाय अलग बर्तनों में पिलाई थी?'' मैंने सख्त लहजे में पूछा।

''हाँ, घर में जितने भी एस.सी. और मुसलमान आते हैं, उन सबके लिए अलग बर्तन रखे हुए हैं।'' सविता ने सहज भाव से कहा।

''यह भेदभाव तुम्हें सही लगता है?'' मैंने पूछा। मेरे शब्दों के तीखेपन को उसने महसूस कर लिया था।

''अरे...तुम नाराज क्यों होते हो?...उन्हें अपने बर्तनों में कैसे खिला सकते हैं?'' उसने प्रश्न किया।

''क्यों नहीं खिला सकते?...होटल में...मेस में तो सब एक साथ खाते हैं। फिर घर में क्या तकलीफ है?'' मैंने तर्क दिया।

सविता इस भेदभाव को सही और संस्कृति का हिस्सा मान रही थी। उसके तर्क मुझे उत्तेजित कर रहे थे। फिर भी मैं काफी संयत था उस रोज। उसका कहना था, एस.सी. अनकल्चर्ड (असभ्य) होते हैं। गन्दे रहते हैं।

मैंने उससे पूछा, ''तुम ऐसे कितने लोगों को करीब से जानती हो? इस विषय में तुम्हारे व्यक्तिगत अनुभव क्या हैं?'' वह चुप हो गई थी। उसका परिचय ऐसे किसी व्यक्ति से नहीं था। फिर भी पारिवारिक पूर्वग्रह उस पर हावी थे। उसका कहना था, आई (माँ), बाबा (पिता)ने बताया। यानी बच्चों को यह सब घरों में सिखाया जाता है कि एस.सी. से घृणा करो।

वह चुप हो गई थी, उसकी चंचलता भी गायब थी। कुछ देर हम पुलिया पर चुपचाप बैठे रहे। मैंने उससे पूछा, ''मेरे बारे में तुम्हारी क्या राय है?''

''आई, बाबा तुम्हारी तारीफ करते हैं...कहते हैं, यू.पी. वालों के प्रति जो उनकी धारणा थी, उससे अलग हो। तुम्हें अच्छा मानते हैं।'' सविता ने चहकते हुए कहा।

''मैंने तुम्हारी राय पूछी थी।''

"अच्छे लगते हो।" उसने मेरी बाँह पर अपने शरीर का भार डाल दिया था।

मैंने उसे दूर हटाया और कहा, "अच्छा, यदि मैं एस.सी. हूँ...तो भी..."

"तुम एस.सी. कैसे हो सकते हो?" उसने इठलाकर कहा।

"क्यों? यदि हुआ तो?" मैंने जोर दिया।

"तुम तो ब्राह्मण हो।" उसने दृढ़ता से कहा।

"यह तुमसे किसने कहा?"

"बाबा ने।"

"गलत कहा। मैं एस.सी. हूँ..." मैंने पूरी शक्ति से कहा था। मेरे भीतर जैसे कुछ जल रहा था।

"ऐसा क्यों कहते हो?" उसने गुस्सा दिखाया।

"मैं सच कह रहा हूँ...तुमसे झूठ नहीं बोलूँगा। न मैंने कभी कहा कि मैं ब्राह्मण हूँ।" मैंने उसे समझाना चाहा।

वह आश्चर्य से मेरा मुँह ताक रही थी। उसे लग रहा था, जैसे मैं मजाक कर रहा हूँ।

मैंने साफ शब्दों में कह दिया था कि मैंने उत्तर प्रदेश के 'चूहड़ा' परिवार में जन्म लिया है।

सविता गम्भीर हो गई थी। उसकी आँखें छलछला आईं। उसने रुआँसी होकर कहा, "झूठ बोल रहे हो न?"

"नहीं सविता...यह सच है...जो तुम्हें जान लेना चाहिए..." मैंने उसे यकीन दिलाया था।

वह रोने लगी थी। मेरा एस.सी. होना जैसे कोई अपराध था। वह काफी देर सुबकती रही। हमारे बीच अचानक फासला बढ़ गया था। हजारों साल की नफरत हमारे दिलों में भर गई थी। एक झूठ को हमने संस्कृति मान लिया था।

हम लोग वापसी में लगभग चुप थे। लेकिन भीतर के कोलाहल में डूबे हुए...मैं उस वक्त तनाव-मुक्त हो चुका था। जैसे मेरे मन से कोई भारी बोझ हट गया था।

स्टेशन के पास रेलवे लाइन पार करते हुए मैंने सविता से कहा, "...यह आखिरी मुलाकात है।"

"क्यों...घर नहीं आओगे?" उसने हैरानी से पूछा था।

"नहीं, अब मैं नहीं आ पाऊँगा।"

वह चलते-चलते रुक गई थी। बोली, "घर आओ या न आओ लेकिन यदि यह सच है तो बाबा से मत कहना...।" वह फिर रुआँसी हो गई थी। उसका गला भर्रा गया था।

"लेकिन क्यों?" मैंने जानना चाहा था।

"नहीं कहोगे...वादा करो..." सविता की आँखों में अजीब-सी याचना थी।

उसके बाद हम कभी नहीं मिले। कुछ दिन बाद अम्बरनाथ से मेरा तबादला हो गया था चन्द्रधर (महाराष्ट्र) के लिए। मैं उन लोगों से बिना मिले ही चला आया था। अचानक तमाम सूत्र टूट गए थे। प्रशिक्षण के बाद ऑर्डनेंस फैक्टरी, चान्दा (चन्द्रपुर) में नियुक्ति हो गई थी।

ऑर्डनेंस फैक्टरी, चन्द्रपुर (महाराष्ट्र) में मेरी नियुक्ति हो गई थी। शुरू के दिनों में दिनेश वाजपेयी और आनन्द शर्मा के साथ रहा था। बाद में मुझे हॉस्टल का एक कमरा मिल गया था, जो मुझे जयकिशन जायसवाल के साथ शेयर करना था। शुरू-शुरू में जायसवाल ने जो हिचकिचाहट दिखाई थी, वह धीरे-धीरे समाप्त हो गई थी। काफी दिनों तक हम लोग साथ-साथ रहे थे।

फैक्टरी के जीवन को समझने और तालमेल बैठाने में मुझे समय लगा था। ड्यूटी के बाद का समय अध्ययन में ही बीतता था। रंगमंच और साहित्य का यहाँ अच्छा माहौल था, लेकिन ज्यादातर लोग पारम्परिक ढंग से सोचनेवाले थे।

चन्द्रपुर में हिन्दी और उर्दू के कई कवि, लेखक, कथाकार थे जिनसे मेरा सम्पर्क बढ़ रहा था।

पिताजी का पत्र आया था। वे जल्दी ही मेरी शादी करना चाहते थे। जसबीर ने कोई लड़की तय कर दी थी। लेकिन मैं लगातार इनकार कर रहा था। अभी मैं ठीक से व्यवस्थित भी नहीं था। लेकिन पिताजी बार-बार लिख रहे थे। मैं अपने आपको अनेक कँटीले झाड़-झंखाड़ों में घिरा महसूस करने लगा था।

आखिर तंग आकर मैंने जसबीर की तय की हुई लड़की के लिए इनकार कर दिया था और स्वर्णलता भाभी की छोटी बहन चन्दर (चन्दा) से शादी कर ली थी—27 दिसम्बर, 1973 को।

सन् 1974 में कुछ साथियों के साथ मिलकर, मैंने मेघदूत नाट्य संस्था की स्थापना की थी। कुछ ही दिनों में यह संस्था नागपुर के आसपास अपनी प्रतिबद्धता के लिए पहचानी जाने लगी थी। मंचन, प्रदर्शनों के साथ नुक्कड़ नाटकों के द्वारा समसामयिक समस्याओं से जनमानस को परिचित कराने की एक मुहिम शुरू हो चुकी थी। नवयुवकों की एक जुझारू टीम पूरे समर्पण के साथ जुट गई थी।

देश में जे.पी. आन्दोलन की गूँज थी। उन्हीं दिनों मैंने तुकबन्दियाँ छोड़कर कुछ सार्थक कविताएँ लिखी थीं। नवभारत, युगधर्म, नई दुनिया आदि के माध्यम से एक कवि के रूप में मुझे लोग जानने लगे थे। चन्द्रपुर के एक साप्ताहिक 'जनप्रतिनिधि' में एक स्तम्भ भी शुरू किया था।

चन्द्रपुर में रहते हुए ही मैंने दलित-आन्दोलन की ऊर्जा अपने भीतर सँजोयी थी। दलित-चेतना की अद्‍भुत तेजस्विता के दर्शन मैंने इसी क्षेत्र में किए थे। अपने-आपको इस आन्दोलन के साथ जोड़ने में मुझे जो आत्मसन्तुष्टि मिली, वह एक अनोखा अनुभव था। जैसे-जैसे मैं इस आन्दोलन का हिस्सा बन रहा था, वैसे-वैसे मेरे कई मित्र मुझसे दूर हो रहे थे। उनकी दृष्टि में मैं रास्ते से भटक रहा था और अपनी प्रतिभा और रचनात्मकता का विनाश कर रहा था।

बुद्ध के मानवीय स्वतंत्रता के विचार ने मुझे प्रभावित किया था। परिवर्तित समष्टि में कुछ भी अपरिवर्तनीय नहीं है। मानव ही सर्वोपरि है। करुणा और प्रज्ञा व्यक्ति को उच्चता की ओर ले जाती है।

नागपुर की 'दीक्षा–भूमि' दलितों का तीर्थ है जहाँ मैं भदन्त आनन्द कौसल्यायन जी से मिला था। बौद्ध धर्म के प्रति मेरी शंकाओं का तर्कपूर्ण समाधान कौसल्यायन जी ने किया था।

नागपुर में ही भाऊ समर्थ से भी उनके निवास पर भेंट हुई थी। वे एक सहज और सरल व्यक्ति थे। कवि, चित्रकार और एक सच्चे इनसान। जब भी मिले, खुलकर मिले। मुलाकातें बहुत कम हुई थीं लेकिन चिरस्मरणीय।

पिताजी का पत्र आया था। 'माँ बीमार है, जल्दी आ जाओ' पत्र मिलते ही मैं निकल पड़ा था। रास्ते–भर माँ का खयाल जेहन में घूम रहा था। पता नहीं कैसी होगी।

बस–अड्डे पर उतरते ही घर पहुँचने की जल्दी थी। माँ को स्वस्थ देखकर मैंने राहत की साँस ली थी। मैंने माँ से पूछा, "बीमार थी?"

माँ ने मेरा सिर सहलाते हुए कहा, "बीमारी की बात सुणके तो तू आ गिया।"

"ऐसी भी क्या बात हो गई...जो इस तरह बुलाया?" मैंने अपने भीतर का गुस्सा दबाकर पूछा।

"तेरे भाई ने रिश्ता पक्का कर दिया है। ईब तू ब्याह कर ले। म्हारी आँख कद (कब) बन्द हो जागी, कोण जाणे हैं।" माँ ने मुझे समझाने की कोशिश की थी।

मैं खामोशी से माँ की तमाम बातें सुन रहा था। लेकिन मेरे मन में एक हलचल शुरू हो गई थी।

जसबीर ने मेरा रिश्ता पक्का कर दिया था, बगैर मेरी इच्छा–अनिच्छा जाने। पिताजी भी जसबीर की बात का समर्थन कर रहे थे। उन्होंने मेरे इर्द–गिर्द एक घेराबन्दी कर दी थी। मेरा कोई भी तर्क या इनकार वे सुनने को तैयार नहीं थे।

देहरादून जाने के बाद मुझे पता चला था कि इस रिश्ते के पीछे मेरे मामा का हाथ था। वे मेरे गले किसी ऐसी लड़की को बाँध देना चाहते थे कि

मैं उनके शिकंजे से बाहर न निकल सकूँ।

जसबीर को गाँव में ही छोड़कर मैं अचानक देहरादून आ गया था। मैंने सुरजन से पूछा, ''तुमने लड़की देखी है?''

उसने साफ इनकार कर दिया था कि उसे इस विषय में मत घसीटो। उसने न हाँ की थी, न ना। बस, एक तटस्थ भाव अपना लिया था। स्वर्णलता भाभी भी टाल गई थी। उन दोनों के रुख ने मुझे परेशान कर दिया था।

हेमलाल का सुरजन के घर आना-जाना अभी बना हुआ था; बल्कि मेरे बाहर जाने के बाद से वह सुरजन से काफी घनिष्ठता बना चुका था।

हेमलाल ने ही मेरे मन में उस रिश्ते के प्रति शंकाएँ पैदा की थीं। उसे वहाँ रचे जा रहे षड्यंत्र की जानकारी थी। शुरू में तो उसने कुछ नहीं बताया था, लेकिन काफी जद्दोजहद के बाद उसने मामा के षड्यंत्र की जानकारी दी थी।

मैं हताश और उद्विग्न हो गया था। गाँव लौटकर मैंने जसबीर से सिर्फ इतना ही कहा था, ''मैं लड़की देखना चाहता हूँ।'' उन दिनों हमारे समाज में लड़की दिखाने का रिवाज नहीं था। बुजुर्ग ही सब तय कर देते थे जिसे लड़का-लड़की मान लेते थे। घर का भी कोई व्यक्ति लड़की नहीं देखता था। इसे बुरा माना जाता था। मध्यस्थता करनेवाले पर विश्वास किया जाता था। कई बार इस विश्वास ने भयंकर हादसों को जन्म दिया।

मेरे फैसले ने धमाके का काम किया था। सभी मुझे फटी-फटी आँखों से देख रहे थे।

काफी गर्मागर्मी के पश्चात् जसबीर मान गया था। मुझे लेकर वह देहरादून चल दिया। उन दिनों लड़की अपने मामा के घर रह रही थी। जैसे ही हम देहरादून पहुँचे, पता चला, लड़की अपनी माँ के पास मुजफ्फरनगर चली गई है।

जसबीर मुझे लेकर मुजफ्फरनगर पहुँचा। वहाँ जाकर पता चला, लड़की देहरादून है।

दरअसल लड़की न दिखाने का यह बहाना था। मैं एक अजीब-सी उलझन में फँस गया था। बेहद अकेला। घर-परिवार से लेकर बाहर तक कोई

ऐसा नहीं था जिसके सामने मन की गाँठें खोल सकूँ। स्वर्णलता भाभी थी, वह भी ऐन वक्त पर कन्नी काट गई थी।

ऐसी ही मन:स्थिति में मैं चन्द्रपुर लौट गया था। काफी दिन उदास रहा। इस बीच जसबीर की ओर से कई पत्र आ चुके थे। वह बार-बार यही लिख रहा था कि मैं उनकी इज्जत को नीलाम कर रहा हूँ। जाति-बिरादरी के नियम हैं, उसे कैसे छोड़ दें? पढ़ाई-लिखाई का यह तो मतलब नहीं है कि 'मनमानी' करो।

जसबीर की हर चिट्ठी मुझे गहरी चोट पहुँचा रही थी। मैं शादी से पहले कुछ बन जाना चाहता था। लेकिन ये लोग हाथ धोकर पीछे पड़ गए थे।

ऐसे ही क्षणों में, मैंने इस प्रकरण को खत्म कर लेने का फैसला कर लिया था।

मैं सीधे देहरादून पहुँचा था। जसबीर मुझे आया देखकर चौंका था। जसबीर ने उस लड़की की माँ से, जो उन दिनों वहीं थी, मुझे मिलाया था। वे मुझे सीधी-सादी महिला लगी थीं। मुझे देखकर वे खुश भी हुईं। उनसे मिलकर मैं और दुविधा में फँस गया था। जसबीर से फिर एक बार लड़की दिखाने की बात मैंने उठाई। जसबीर ने कहा, "तुझे मेरे पे विश्वास नहीं है। माँ से तो मिला है, और क्या चाहिए?"

"माँ से नहीं, मुझे लड़की से शादी करनी है।" मैं उत्तेजित हो गया था।

तीन दिन तक जसबीर और मेरे बीच चुप्पी छाई रही। चौथे दिन मैं स्वर्णलता भाभी की बहन चन्द्रकला उर्फ चन्दर उर्फ चन्दा से मिला। मैंने तमाम हालात उसके सामने रखकर, अपने मन की बात भी कह दी, "मुझसे शादी करोगी?"

चन्दा तब इंटर में पढ़ रही थी। उसने चौंककर मेरी ओर देखा। आश्चर्य से पूछा, "क्या कह रहे हो?"

"सोचकर जवाब दे देना।" मैंने इत्मीनान से कहा और उठकर चल दिया।

अगले रोज चन्दा अपनी दीदी के घर आ गई। उस समय सीमा, राजीव, विनीता एकदम छोटे थे। विनीता तो गोद में ही थी।

चन्दा ने धीमे से पूछा, ''तुम मजाक तो नहीं कर रहे हो?''

मैंने कहा, ''बिलकुल नहीं।''

''तुम्हारे भाई, माँ-बाप मानेंगे?'' चन्दा ने शंका जताई।

''वह मुझ पर छोड़ दो।'' मैंने धैर्य से कहा।

अगले रोज मैं गाँव चला गया था। पिताजी से बात की। थोड़े-बहुत विरोध के बाद वे मान गए थे। उन्होंने एक शर्त रखी, ''देवता के लिए सूअर की पूजा शादी से पहले जरूरी है।''

मैंने साफ इनकार कर दिया था। मैं किसी देवता की पूजा में विश्वास नहीं करता, पिताजी नाराज हो गए थे। मेरा अविश्वास उनकी आस्था पर चोट था जिसके लिए वे मुझे माफ करने को तैयार नहीं थे। अभी तक शायद मेरे पूजा-पाठ में शामिल न होने को मेरा बचपना मानकर, कुछ विशेष जोर नहीं डालते थे। लेकिन शादी-विवाह जैसे मौके पर भी मेरा विरोध देखकर वे क्रोधित हो उठे थे। वह नाराजगी अन्त तक रही। इस बात के लिए मैं कतई तैयार नहीं था।

चन्दा से मेरी शादी हो गई। विरोध और इनकार के बीच भी पिताजी ने चन्दा को स्वीकार किया था। लेकिन मामा खफा थे। जसबीर भी मामा के साथ था। सुरजन इसलिए नाराज था कि मैं उसकी साली से शादी कर रहा हूँ। यह शादी तोड़ने में, हेमलाल को एक मोहरे की तरह, मामा ने इस्तेमाल किया था जिसमें हेमलाल सफल नहीं हुआ। हाँ, हमारे बीच दोस्ती के सूत्र टूटकर बिखर गए थे। मुझे दुख था, मैंने एक अच्छे मित्र को खो दिया था।

शादी के बाद चन्दा को साथ ले जाना था चन्द्रपुर। लेकिन सबसे बड़ी समस्या थी मकान की। सरकारी कॉलोनी में मुझे तब तक मकान नहीं मिला था। हॉस्टल में रहता था। जयकिशन जायसवाल मेरा रूम पार्टनर था।

मैंने चन्द्रपुर में अपने मित्र अजय सिन्हा को पत्र लिखा। काफी दिन पहले मैं उसके साथ रहा था। उसने उत्तर दिया था, ''पत्नी को साथ लेकर आ जाओ। इन्तजाम हो जाएगा।''

दिल्ली में सुक्खन सिंह था। आर.के. पुरम में रहता था। इंटर तक त्यागी इंटर कॉलेज में साथ-साथ पढ़े थे। काफी भटकाव के बाद उसे सर्वे ऑफ

इंडिया में नौकरी मिल गई थी। उसने दक्षिण एक्सप्रेस में चन्द्रपुर के लिए बर्थ पहले ही हमारे लिए बुक करा दी थी।

मैंने अजय सिन्हा और अपने कार्यालय के साथी सूरज खरतड़ को चन्द्रपुर पहुँचने का तार कर दिया था। रात दस बजे गाड़ी चन्द्रपुर स्टेशन पर पहुँची तो वहाँ कोई नहीं आया था। उम्मीद थी वे फैक्टरी की गाड़ी लेकर आ जाएँगे, दस बजे ऑर्डनेंस फैक्टरी एस्टेट जाने के लिए बस का मिलना भी मुश्किल था। वैसे भी हमारे साथ घर-गृहस्थी का काफी सामान था।

वह रात हमने चन्द्रपुर रेलवे स्टेशन के रिटायरिंग रूम में ही गुजारी थी। स्टेशन मास्टर ने स्वयं ताला खोलकर हमें आराम करने के लिए कहा था। स्टेशन पर ज्यादा भीड़भाड़ भी नहीं थी। इक्का-दुक्का यात्री ही इधर-उधर पसरे थे।

सुबह की पहली बस पकड़कर हम ऑर्डनेंस फैक्टरी एस्टेट आ गए थे। सामान हॉस्टल में छोड़कर मैं और चन्दा सूरज खरतड़ के क्वार्टर में पहुँच गए थे। सूरज खरतड़ तब तक ऑफिस जा चुका था। चन्दा को वहीं सुशीला भाभी (श्रीमती खरतड़) के पास छोड़कर, मैं भी उसी रोज दफ्तर चला गया था। मेरी छुट्टियाँ भी खत्म हो गई थीं।

सूरज खरतड़ को जब यह पता चला कि मैं चन्दा को उनके घर छोड़कर आया हूँ तो वह खुश हुआ था। खरतड़ से मेरे सम्बन्ध काफी घनिष्ठ थे। वह बल्लारशाह (चन्द्रपुर के पास) का रहनेवाला था। एक प्यारा इनसान जिसके व्यवहार में एक खुलापन था, जो मुझे हमेशा आकर्षित करता था।

एक रात हम सूरज खरतड़ के ही क्वार्टर में रुके थे। अगले रोज अजय सिन्हा के क्वार्टर में जाना था। वह उस शाम को चन्दा से मिलने भी आया था।

सूरज खरतड़ और सुशीला भाभी ने चन्दा का स्वागत बहुत ही अपनेपन से किया था। अजय के क्वार्टर में जाने से पहले चन्दा ने एक नई साड़ी अपने बॉक्स से निकालकर सुशीला भाभी को बहुत ही आदर से दी थी। लेकिन सुशीला भाभी ने वह साड़ी लेने से इनकार कर दिया था। मैं उनका आदर करता था। चन्दा ने भी आदरपूर्वक ही साड़ी उन्हें देनी चाही थी। लेकिन

उनके इनकार ने जैसे क्षण भर में सब कुछ तोड़कर बिखेर दिया था। चन्दा ने आश्चर्य से मेरी ओर देखा। मैंने विनम्रता से कहा, ''भाभी जी, यदि यह साड़ी पसन्द नहीं है तो दूसरी ले लीजिए।'' लेकिन वे दूसरे कमरे में जाकर बैठ गई थीं। कोई बात भी नहीं कर रही थीं। मैंने सूरज से पूछा, उसने भी कोई विशेष उत्तर न देकर, सिर्फ इतना ही कहा, ''नहीं लेती है तो न ले। तुम जी छोटा न करो। खुशी-खुशी अपनी गृहस्थी चलाओ। हमें खुशी होगी।''

उस क्षण मेरी आँखें तरल हो आई थीं। हम लोग अजय के फ्लैट में आ गए थे। सूरज खरतड़ स्वयं हमें छोड़ने आया था। लेकिन सुशीला भाभी के व्यवहार से सभी का मन उखड़ा हुआ था।

मैंने सुशीला भाभी से सहज व्यवहार रखने की कोशिश की। लेकिन वे न जाने चन्दा की किस बात से खफा हुईं, आज तक पता नहीं चला।

सूरज खरतड़ अक्सर अपने बेटे अप्रतिम के साथ चन्दा से मिलने आता था। लेकिन हम लोगों का उनके घर जाना कम हो गया था।

अजय सिन्हा ने अपना फ्लैट हमें दे दिया था। स्वयं वह आनन्द शर्मा के साथ रहने लगा था। आनन्द की पत्नी उन दिनों प्रसूति के लिए अपने मायके गई हुई थीं।

उसी सप्ताह अजय की शादी की तारीख भी तय हो गई थी। उसे अपने घर बनारस जाना था। उसकी शादी की खबर ने जहाँ एक खुशी दी थी, वहीं एक दुख भी था। मुझे उसका फ्लैट खाली करना पड़ेगा। लेकिन अजय ने जाते-जाते कहा था, ''वाल्मीकि, चिन्ता मत करना। यदि इस बीच तुम्हें मकान न मिला तो हम एक साथ रहेंगे। एक कमरे में तुम रहना, एक में हम। रसोई साझी बन जाया करेगी।'' उसकी यह आत्मीयता देखकर मेरा मन हलका हो गया था।

काफी भागदौड़ के बाद मुझे मकान मिल गया था। वह भी दो कमरोंवाला ही फ्लैट था, जो मेरे नाम पर आवंटित हुआ था। 31-सी, टाइप-11, सेक्टर-5, अजय सिन्हा के फ्लैट के नजदीक ही था।

हम अगले ही सप्ताह में अपने फ्लैट में चले गए थे। अजय भी शादी

के बाद सीधा हमारे फ्लैट में आया था। कई दिन वे हमारे ही साथ रहे थे। सचमुच कितने अच्छे दिन थे वे! अजय और मेरे बीच एक ऐसा रिश्ता बन गया था जिसकी मिठास अभी तक मेरी स्मृतियों में रची-बसी है। मिसेज सिन्हा भी बेहद शालीन और स्नेह से भरी हुई घरेलू महिला थीं। जीवन में कई उतार-चढ़ाव आए लेकिन उन दोनों के प्रति मेरे मन में हमेशा एक ऐसा भाव रहा, जहाँ कोई मैल नहीं था।

इन्हीं दिनों दलितों के बीच सामाजिक कार्य करने की कई योजनाओं को साकार रूप भी दिया था। महाराष्ट्र में डॉ. अम्बेडकर और जोतिबा फुले ने जो भूमि तैयार की थी उससे लाखों कार्यकर्ता ऊर्जा पाकर सामाजिक जीवन में उतर पड़े थे। इस वैचारिक आन्दोलन ने मेरी रचनाओं को एक अलग आयाम दिया था।

चन्द्रपुर से 'हिम झरना' नाम की एक पत्रिका भी शुरू हुई थी। सम्पादक थे जगदीश राही। कई अंक इस पत्रिका के निकले, लेकिन यह अचानक बन्द हो गई थी। राही मेरे अच्छे मित्र थे। गीतकार भी बहुत ही अच्छे थे। लेकिन उनके साथ कुछ ऐसा घटा कि कोयला खदान की नौकरी से उन्हें हाथ धोना पड़ा। नौकरी गई तो पत्रिका भी बन्द हो गई थी और एक दिन सब कुछ समेटकर जगदीश राही ने चन्द्रपुर छोड़ दिया था। याद रह गए थे वे कुछ पल जब उनके मधुर गीतों के बीच चन्द्रपुर से हिन्दी की इस विशिष्ट पत्रिका की योजनाएँ बनी थीं। साथ काम किया था। रात-रात भर जागकर पत्रिका के प्रूफ पढ़े थे। भीषण गरमी से झुलसते इस शहर में 'हिम झरना' की कल्पना सचमुच राही जैसे जीवन से भरे लोग ही कर सकते हैं।

मराठी कवि लोकनाथ यशवन्त भी उन्हीं दिनों चन्द्रपुर वापस आ गए थे। ऑर्डनेंस फैक्टरी कॉलोनी में आते थे। कई कार्यक्रमों में साथ ही जाते थे। वह कुछ संकोची स्वभाव के थे। लेकिन गम्भीर और वैचारिक प्रतिबद्धता से भरपूर। चन्द्रपुर में रहते हुए, इन सभी के कारण मुझे कभी परायापन महसूस नहीं हुआ था; बल्कि अमरनाथ वर्मा ने तो मित्रता के बीच एक रिश्ता भी

कायम कर लिया था। वे चन्दा के बड़े भाई बन गए थे और मुझे अक्सर जीजाजी कहकर ही बुलाते थे। बेहद प्यारे थे वे सभी। पद्मा भाभी ने जो स्नेह मुझे और चन्दा को दिया था, वह हमारे जीवन की न खत्म होनेवाली पूँजी है।

चन्द्रपुर ने मुझे कई ऐसे मित्र दिए थे जो अपनों से ज्यादा आत्मीय हैं, जिनके बगैर मेरा व्यक्तित्व अधूरा ही रहता। जिनके स्नेह और विश्वास ने हमेशा हौसला दिया, आगे बढ़ने की प्रेरणा दी।

वर्ष 1978 में 'दलित पेंथर' ने मराठवाड़ा विश्वविद्यालय का नाम बदलकर 'डॉ. अम्बेडकर विश्वविद्यालय' कर देने के लिए एक विशाल जुलूस बम्बई में निकाला था, जिसमें सम्पूर्ण महाराष्ट्र से दलित पेंथर कार्यकर्ता बम्बई विधानसभा के सामने एकत्र हुए थे।

विधानसभा में नामान्तर का प्रस्ताव पारित हो गया था। लेकिन सवर्णों ने बहुत बड़े पैमाने पर इस प्रस्ताव का विरोध किया था। जगह-जगह तोड़-फोड़, दंगे शुरू हो गए थे। अहमदपुर, औरंगाबाद, नागपुर, सोलापुर, बम्बई, नासिक, अमरावती आदि में स्थिति तनावपूर्ण थी। मराठवाड़ा में दंगों का प्रभाव कुछ ज्यादा ही था। दलित-बस्तियाँ फूँकी जा रही थीं। सैकड़ों लोग मारे जा चुके थे। अखबारों में छपी खबरें दिल दहला रही थीं।

दलितों ने नामान्तर को अपनी अस्मिता का प्रश्न बना लिया था। नागपुर में आगजनी की घटनाएँ हुई थीं। चन्द्रपुर में भी जुलूस निकला था।

महाराष्ट्र सरकार ने नामान्तर का फैसला वापस ले लिया था। दलितों को सरकार के इस फैसले से निराशा हुई थी। लेकिन उन्होंने हिम्मत नहीं हारी थी। वे लगातार नामान्तर आन्दोलन को बढ़ा रहे थे। उन्होंने अपनी पूरी ऊर्जा इस आन्दोलन में झोंक दी थी। बापू राव जगताप, जोगेन्द्र कवाड़े के प्रेरणादायी नेतृत्व और ओजस्वी भाषण दलितों में हौसला जगा रहे थे।

हजारों वर्षों की घृणा एक बार फिर अपने मूल स्वरूप में दिखाई पड़ने लगी थी। इस आन्दोलन को मैंने बेहद करीब से देखा था। मेरा रोम-रोम आन्दोलन को महसूस कर रहा था। भारतीय समाज की क्रूर-व्यवस्था व्यक्ति की योग्यता को नकार रही थी। उनकी दृष्टि में डॉ. अम्बेडकर जन्मना महार

थे। भले ही उनकी विद्वत्ता आकाश जितनी ऊँचाई पा जाए।

डॉ. अम्बेडकर ने अपने जीवनकाल में दलित-अस्मिता की जो लड़ाई लड़ी थी, वह एक ऐसा संघर्ष था, जिसने दलितों में आत्मविश्वास जगाया था।

डॉ. अम्बेडकर ने राजनीति-सत्ता के लिए रिपब्लिकन पार्टी का गठन किया था, लेकिन उनके महापरिनिर्वाण के बाद रिपब्लिकन पार्टी अनेक गुटों में बँट गई थी। प्रत्येक नेता स्वयं को बाबा साहेब का वारिस मानकर अध्यक्ष बनने की होड़ में शामिल था, जिसका परिणाम यह हुआ कि एक-एक नेता की एक-एक पार्टी बन गई थी।

महाराष्ट्र में दलित-आन्दोलन को एक नया रूप दिया था 'दलित पेंथर' ने। दलित पेंथर में नेता और कार्यकर्ता मार्क्सवादी और अम्बेडकरवादी विचारधारा को जोड़कर एक नया प्रयोग कर रहे थे, जिसकी चमक में समूचा महाराष्ट्र एक बार फिर दलित-आन्दोलन के उत्कर्ष को देख रहा था। लेकिन यह प्रयोग बुरी तरह असफल रहा था।

लेकिन दलित पेंथर में जो साहित्यकार सक्रिय थे, उन्होंने मराठी दलित साहित्य को नए तेवर दिए थे। पारम्परिक साहित्य की तुलना में यह साहित्य अधिक जीवन्त और प्रगतिशील था। सही अर्थों में आधुनिक भी।

उन्हीं दिनों गुजरात में आरक्षण विरोध ने उग्र रूप धारण कर लिया था। ग्रामीण क्षेत्रों में आरक्षण विरोधियों ने बेइन्तहा जुल्म ढाए थे। चारों ओर हिंसा का तांडव था। गांधीनगर, बड़ौदा आदि नगरों में गांधी की मूर्तियों के नीचे खड़े होकर आरक्षण विरोधी दलितों के प्रति घृणा फैला रहे थे, जिसका प्रभाव महाराष्ट्र में भी दिखाई पड़ने लगा था। सरकारी, अर्द्ध सरकारी कार्यालयों में दलित अधिकारियों, कर्मचारियों को प्रताड़ित किए जाने की घटनाएँ बढ़ने लगी थीं। सवर्णों ने 'शोषित कर्मचारी संघ' जैसे छद्म संगठन बनाए थे, जो सुनियोजित ढंग से दलितों के विरुद्ध साजिशें रच रहे थे।

चारों ओर निराशा और भय का वातावरण था। दलित कर्मचारी ही नहीं,

अधिकारी भी भयभीत थे। उनका कोई ऐसा संगठन भी नहीं था। पारस्परिक संवादहीनता होने के कारण, वे अकेले-अकेले अपनी समस्याओं में उलझे थे। एकजुटता की कमी के कारण उनका आत्मविश्वास डगमगाने लगा था।

'शोषित संघ' पोस्टरों, पर्चों के द्वारा दलितों में हीन भावना भर रहे थे। ऐसा ही एक पर्चा ऑर्डनेंस फैक्टरी, चन्द्रपुर में भी वितरित हुआ था जिसने तनाव पैदा कर दिया था। ऊपर से सब शान्त दिखाई पड़ रहा था, लेकिन अन्दर-ही-अन्दर जैसे कुछ पक रहा था।

ऐसे दिनों में चुप्पी का अर्थ है अपने अस्तित्व को मिटा लेना। फैक्टरी गेट के पास एक विशाल सभा का आयोजन किया गया था जिसमें केन्द्रीय विद्यालय के प्रिंसिपल श्री गोंडाने, पी.सी. काम्बले, अधिकारी तथा अनेक संगठनों के हजारों कार्यकर्ताओं ने भाग लिया था। उस सभा में सभी ने एक मत से सवर्णों के द्वारा चलाए जा रहे षड्यंत्र का जवाब देने का प्रस्ताव पारित किया था।

अगले रोज पर्चे बाँटे गए थे जिसका प्रभाव तत्काल दिखाई दिया था। शोषित संघ के पर्चे पर प्रशासन निष्क्रिय था। लेकिन दलितों का पर्चा वितरित होते ही प्रशासन सक्रिय हो गया था। दलित प्रतिनिधियों को बुलाकर पूछताछ होने लगी थी। काफी बहस और जद्दोजहद के बाद प्रशासन ने दलितों के विरुद्ध होनेवाले प्रचार को रोकने का आश्वासन दिया था।

उन दिनों सुमठाणा गाँव हमारी गतिविधियों का केन्द्र था। सभी बैठकें वहीं होती थीं। 'शोषित संघ' से निबटने की रणनीति तैयार हुई थी ताकि दलित कर्मचारियों का मनोबल टूटने से बचाया जा सके।

इन हालात में परस्पर सौहार्द लगभग खत्म हो गया था। साम्प्रदायिक एवं जातिवादी ताकतें अपने षड्यंत्रों में सफल हो गई थीं। वे कर्मचारियों के बीच घृणा के बीज बो चुके थे जिसे 'मजदूर एकता जिन्दाबाद' के नारे लगानेवाले संगठन भी रोक नहीं पाए थे।

दलितों, गैर-दलितों के बीच यह घृणा की खाई लगातार बढ़ी है जिसे पाटने का इरादा कहीं दिखाई नहीं पड़ा। जब दलित अपनी अस्मिता के लिए

उठकर खड़ा होता है तो उस पर जातिवादी होने का आरोप लगा दिया जाता है। यह आरोप लगानेवाले वे लोग होते हैं जो 'जातिवाद' के कट्टर समर्थक हैं। यह एक चाल है परम्परावादियों और यथास्थिति बनाए रखनेवालों की जो दलितों के प्रति हमेशा शंकाग्रस्त होते हैं।

महाराष्ट्र की—शहरी और ग्रामीण—दोनों जगह दलित-बस्तियों की दशा देखकर मन अवसाद से भर जाता था। महार-बस्तियों में डॉ. अम्बेडकर ने जो चेतना जगाई थी, उसके परिणामस्वरूप महारों में शिक्षा का प्रसार हुआ था। लेकिन माँग, मेहतर आदि शिक्षा से दूर थे।

दलित कार्यकर्ताओं में जुझारूपन था। उनका संघर्ष और संकल्प देखकर उम्मीद जगती थी। लेकिन कार्यकर्ताओं में भी पारम्परिक जातिभेद की भावना थी। महार, माँग, चमार और मेहतर के भेद वे भले ही बाह्य रूप से भुलाने की बात कर रहे थे लेकिन आन्तरिक रूप में वे स्वयं इन भावनाओं में जकड़े हुए थे। ऐसे पलों में मेरा मन टूटा जाता था। मेहतर-बस्तियों में जाने के समय उनकी हिचकिचाहट साफ दिखाई पड़ती थी।

अम्बेडकर जयन्ती कार्यक्रमों में भी महार ही अधिक दिखाई पड़ते थे।

बाबा साहब भीमराव अम्बेडकर ने बौद्ध धर्म की दीक्षा ली थी। महार भी उनके साथ बौद्ध हो गए थे। लेकिन ऐसे अनेक परिवार थे, जो बौद्ध होकर भी हिन्दू देवी-देवताओं में उलझे थे।

मेहतर-बस्तियों में बाबा साहेब का सन्देश पहुँचा ही नहीं था। जो पहुँचा था वह भी 'जाति' के साथ। जब भी किसी मेहतर (वाल्मीकि) से बात होती तो वह चौंककर मेरी ओर देखता। बाबा साहेब के लिए उनके मन में आदर था, लेकिन आन्दोलन के कार्यकर्ता और नेता उनके मन में विश्वास पैदा नहीं कर पाए थे। वे मेहतर थे, समाज में सबसे नीचे। यह भावना उन्हें आन्दोलन में जुड़ने से रोकती थी। वे दलित नेतृत्व को सन्देह की दृष्टि से देखते थे।

दलित-आन्दोलन के इस अन्तर्विरोध ने उसे कमजोर किया है जिसका

प्रभाव राजनीतिक स्तर पर भी दिखाई पड़ता है।

महाराष्ट्र में मेहतर और उत्तर प्रदेश के चूहड़ा वाल्मीकि में कोई अन्तर नहीं था। बस, भाषा को छोड़कर शेष तमाम चीजें एक-सी हैं। वे भी सूअर पालते हैं। वैसे ही देवी-देवताओं की पूजा में सूअर चढ़ाते हैं, शराब अर्पित करते हैं। रीति-रिवाज भी एक ही जैसे हैं।

दलितों में एक ऐसा भी तबका था जिसमें डॉ. अम्बेडकर का विचार नहीं पहुँचा था। उसकी हीन भावना सदियों का सन्ताप थी। वह अधिक भयभीत थी। इसीलिए अपनी पहचान को छिपाकर रखना उसकी मजबूरी थी।

कई लोग ऐसे थे जो दलित थे। लेकिन सवर्णों की कृपादृष्टि पाने के लिए दलितों से दूर भागते थे। उनके खिलाफ काम करते थे। उनकी गतिविधियों की सूचनाएँ सवर्ण लोगों तक पहुँचाते थे।

ऑर्डनेंस फैक्टरी चन्द्रपुर, कॉलोनी में अम्बेडकर जयन्ती धूमधाम से मनाई जाती थी। मैं उसमें बढ़-चढ़कर भागीदारी करता था। कविता-गोष्ठियाँ, परिचर्चाएँ, पोस्टर, पेंटिंग्स, प्रदर्शनी, नाटक, नुक्कड़ नाटक करते थे। हमारी संस्था 'मेघदूत नाट्य-संस्था' के सवर्ण-सदस्य ऐसे दिनों में जरूरी कामों में उलझ जाते थे। अम्बेडकर जयन्ती के कार्यक्रमों के दौरान वे गायब हो जाते थे। गणेश-चतुर्थी, शिवाजी जयन्ती, जन्माष्टमी और रामनवमी पर ही वे ऊर्जावान होकर 'मेघदूत नाट्य-संस्था' के प्रदर्शनों को सफल बनाने की कोशिश करते थे। यह स्थिति अक्सर हमारे बीच के मतभेदों को उभारती थी। मेरी कोशिशें रहतीं कि हम सब इन विसंगतियों पर चर्चा करें, लेकिन सामने बैठकर बात करने से वे कतराते थे। पीठ पीछे बातें बनाते, अम्बेडकर के लिए अपशब्द कहते। मेरा खून खौलने लगता।

अन्त यही हुआ, मैंने इन धार्मिक उत्सवों का बहिष्कार किया। ऐसे रंगकर्मी ढूँढ़े जो परिवर्तन के आकांक्षी थे। कई दलित नाटकों का मंचन किया। ऐसा ही एक नाटक था 'मुम्बई नगरी'—दया पवार का लिखा हुआ।

नागपुर विश्वविद्यालय का एक अधिवेशन चन्द्रपुर में हुआ था। 'मेघदूत नाट्य-संस्था' के नाटक का मंचन हुआ था। कई बुद्धिजीवियों, लेखकों,

प्राध्यापकों ने इस प्रस्तुति पर सार्थक टिप्पणियाँ की थीं।

गाँव से चिट्ठी आई थी। माँ बीमार है। मैं और चन्दा गाँव गए थे। एक हफ्ता रुके थे। माँ ठीक हो रही थी, लेकिन सूखकर काँटा हो गई थी। माँ को इस हालत में देखकर मैं अपने आपको कमजोर पाने लगा था। कहीं जैसे सब कुछ बिखर रहा था। सब कुछ जैसे मुट्ठी से रेत की तरह फिसल रहा था।

चन्द्रपुर आने के एक सप्ताह बाद ही माँ गुजर गई थी। लेकिन मुझे दो महीने बाद खबर मिली थी। गाँव से देवेन्द्र ने पोस्टकार्ड लिखा था, जो घूमते–घूमते दो महीने बाद मिला था। कार्ड पढ़कर मैं अपने आपको सँभाल नहीं पाया था। माँ की अन्तिम यात्रा में शामिल नहीं हो पाने की पीड़ा काँटे की तरह मेरे सीने में गड़ गई थी, जिसे इतने वर्षों बाद भी भूल नहीं पाया हूँ। पिताजी ने तार कराया होता तो शायद मैं समय पर पहुँचता। लेकिन शिकायत करने का कोई औचित्य नहीं था। माँ के गुजरने के बाद पिताजी भी बीमार रहने लगे थे।

मुझे लगातार यह एहसास टीस दे रहा था, माँ की तरह जैसे पिताजी भी न गुजर जाएँ। वही हुआ। उन्हें देखने गया था। जिस दिन लौट रहा था, उसी रोज उनका देहान्त भी हो गया था। मैं शायद ट्रेन में था उस समय। चन्द्रपुर आकर कई दिन बाद चिट्ठी मिली थी।

माँ और पिताजी की अर्थी को कन्धा देने का अवसर मुझे नहीं मिला था। जिसे बनाने में वे संघर्ष करते रहे, वही उनसे इतना दूर हो गया था। एक ऐसा दुख जिसे मैं अपने मन के तहखानों में छिपाकर बैठा हूँ।

कानपुर में आर. कमल थे। 'निर्णायक भीम' पत्रिका निकालते थे। मेरी रचनाएँ लगभग प्रत्येक अंक में छापते थे। एक कार्यक्रम में उन्हें चन्द्रपुर बुलाया था। वे एक जुझारू व कर्मठ व्यक्तित्व के धनी थे। हिन्दी में डॉ. अम्बेडकर के विचारों का प्रसार कर रहे थे। हिन्दी दलित पत्रिकाओं में 'निर्णायक भीम' ने एक खास जगह बनाई थी। दलित रचनाकारों को एक मंच मिला था। महाराष्ट्र के दौरे से लौटकर उन्होंने लिखा था कि हिन्दी प्रान्तों में दलित चेतना का ऐसा उभार अभी नहीं आया है। इस विषय में लगातार प्रयत्न करने होंगे।

ऐसे ही मोहनदास नैमिशराय भी आए थे। कई जगह उनके कार्यक्रम

रखवाए थे। नैमिशराय उन दिनों स्वतंत्र लेखन कर रहे थे।

मेरी गतिविधियाँ सिर्फ महाराष्ट्र तक सीमित नहीं रह गई थीं। मध्यप्रदेश के कई नगरों में दलित-समस्याओं को लेकर कार्यक्रम हुए थे।

जैसे-जैसे दलित-आन्दोलन में मेरी सक्रियता बढ़ रही थी, मेरे आसपास के लोग मुझे शक की निगाह से देखते थे। जैसे मैं उनके वर्चस्व को तोड़ने के काम कर रहा हूँ! ऐसे लोगों में ज्यादातर सवर्ण ही थे। इसका असर कार्यालय के सहकर्मियों में भी दिखाई पड़ने लगा था।

चन्द्रपुर जिले के सुदूर ग्रामीण अंचलों में आधुनिक प्रगति और सभ्यता का नामोनिशान भी नहीं था। स्त्रियाँ ऊपरी भाग पर कोई वस्त्र नहीं पहनती थीं। खान-पान भी बेहद निम्न स्तर का। वनों पर आधारित खेती के नाम पर सिर्फ ज्वार और मोटा चावल। वह भी वर्षा के भरोसे।

इन गाँवों में घूम-फिरकर जिस भारत के दर्शन हुए थे, वह घोर निर्धन और अन्धविश्वासों में डूबा हुआ था।

ऐसे ही एक गाँव में एक तांत्रिक ने खेत की फसल बढ़ाने के लिए एक बच्चे की बलि दे दी थी। हम पाँच-छह मित्र उस गाँव में गए थे। 'लोकमत' (मराठी) दैनिक ने समाचार छापकर पूरे देश का ध्यान इस घटना की ओर खींचा था। पुलिस सक्रिय हुई और तांत्रिक के साथ कई ग्रामीण भी हिरासत में ले लिये गए थे।

इन घटनाओं ने मुझे हमेशा लेखन की ओर प्रेरित किया। अतीत गौरवगान के बजाय जनसामान्य के दुख-दर्द को अपने लेखन में उतारना ज्यादा सार्थक लगा।

वर्ष 1984 का जनवरी महीना था। अमरावती जिले के मल्कापुर स्थान पर एक ऐसी घटना घट गई थी, जो संकीर्ण मनोवृत्ति की निकृष्ट प्रतीक थी।

सातवीं कक्षा की मराठी पाठ्य-पुस्तक में डॉ. अम्बेडकर पर एक पाठ था। एक ब्राह्मण शिक्षक के आदेश पर सभी छात्रों ने अपनी पुस्तक के उस पाठ के पृष्ठ फाड़ दिए थे। कक्षा में महार जाति के भी कुछ छात्र थे जिन्हें बाबा साहेब के पाठ को फाड़ देना अनुचित लगा था।

उन विद्यार्थियों ने पुस्तक के वे पन्ने चुपके से जाकर कूड़ेदान से उठा

लिये थे और अपने-अपने घरों में जाकर दिखाए। बात फैल गई थी। विरोध शुरू हुआ। किसी ने घटना का ब्योरा मय फटे पन्नों के 'लोकमत' (मराठी) अखबार के नागपुर कार्यालय को भेज दिया। लोकमत ने उन पन्नों के चित्र समाचार सहित छाप दिए। समाचार छपते ही विदर्भ में जगह-जगह विरोध और निषेधात्मक जुलूस, सभाएँ होने लगीं। दलित अस्मिता का प्रश्न बन गई थी यह घटना।

भद्रावती में भी एक बड़ी सभा हुई थी। कई हजार लोग इस सभा में आए थे। भद्रावती के आसपास के गाँव से जत्थे के जत्थे आए थे। इस सभा को सम्बोधित करने का अवसर मुझे भी मिला था। अधिकतर वक्ताओं ने मराठी में वक्तव्य दिए थे। मैं हिन्दी में बोला था। मेरे लिए यह एक नया अनुभव था। भीड़ में सुगबुगाहट थी। दलित-आन्दोलन से जुड़ने का अहसास मुझे तीव्रता से महसूस हो रहा था। 'विद्रूप चेहरा' शीर्षक से कविता उन्हीं दिनों लिखी थी, जिसे कई पत्र-पत्रिकाओं ने छापा था।

यह आन्दोलन दिन-प्रतिदिन तेज हो रहा था। कई स्थानों पर सवर्णों ने दलितों की सभाओं और जुलूस पर पथराव भी किए थे। पुलिस निष्क्रिय थी। शिक्षा विभाग की ओर से भी उस शिक्षक के विरुद्ध कोई कार्यवाही नहीं हुई थी।

जगह-जगह निषेधात्मक सभाएँ हो रही थीं। लेकिन प्रशासनिक स्तर पर मामले को रफा-दफा करने की कोशिश जारी थी। दलितों में स्वाभिमान जाग रहा था।

इस घटना ने मुझे बहुत गहरे तक प्रभावित किया था। मेरा अधिक से अधिक समय दलित-बस्तियों में गुजरने लगा था।

ऑर्डनेंस फैक्टरी कॉलोनी के पास सुमठाणा गाँव था। भद्रावती तहसील थी, जहाँ दलित-बस्तियों में अनेक सामाजिक कार्यक्रम चलाए थे। स्कूल भी खोले गए थे। और अनेक साथी पहले से ही सक्रिय थे। कई संस्थाएँ थीं। उमेश मेश्राम भद्रावती में एक संस्था चला रहे थे। स्कूल और पुस्तकालय भी, जहाँ डॉ. अम्बेडकर और बौद्ध साहित्य प्रचुरता में उपलब्ध था। उमेश मेश्राम अपने कार्यक्रमों में मुझे अक्सर बुलाते थे।

भद्रावती में एक प्राचीन बौद्ध-गुफा थी जहाँ बुद्ध पूर्णिमा को बुद्ध जयन्ती के अनेक कार्यक्रम होते थे। उमेश मेश्राम और उनके साथियों ने मिलकर बौद्ध साहित्य सम्मेलन का आयोजन किया था जिसमें मराठी के अनेक दलित साहित्यकारों से भेंट हुई थी। ज्योतिलांजेवार, भीमसेन देटे, लोकनाथ यशवन्त, भगवान ठग आदि से परिचय बढ़ा था।

डॉ. गंगाधर पानतावणे जी से पत्र-व्यवहार तो था, लेकिन कभी मिलने का अवसर नहीं आया था। एक दिन अचानक लोकनाथ यशवन्त ने खबर भेजी कि पानतावणे गुरुजी बाबा आमटे के आश्रम में होनेवाले 'आनन्द मेले' में भाग लेने आ रहे हैं। डॉ. गंगाधर पानतावणे जी को अधिकतर साथी पानतावणे गुरुजी ही कहकर सम्बोधित करते थे।

'आनन्द मेले' में लगभग प्रतिवर्ष मैं जाता था। वरोरा में स्थित बाबा आमटे का आश्रम था जहाँ कुष्ठ रोगियों का इलाज करके उन्हें स्वावलम्बी बनाया जाता था। इसी आश्रम में प्रत्येक वर्ष आनन्द मेले का आयोजन होता था। महाराष्ट्र के तमाम साहित्यकार, बुद्धिजीवी, कलाकार इस मेले में आते थे। दो दिन चलनेवाले इस मेले में सभी लोग सहज भाव से शामिल होते थे। पु.ल. देशपांडे, मराठी के सुप्रसिद्ध रंगकर्मी, व्यंग्यकार, कथाकार से यहीं मुलाकातें हुई थीं। वसन्तराव देशपांडे, भीमसेन जोशी, किशोरी अमोणकर आदि का गायन भी 'आनन्द मेले' में ही सुनने का अवसर मिला था।

लोकनाथ यशवन्त ने मिलाया था। पानतावणे गुरुजी सहजता से मिले थे। न कोई दिखावा, न आडम्बर, न बौद्धिकता का ढोंग। हिन्दी के उच्चारण में मराठी का प्रभाव था। बहुत धीमे-धीमे बोल रहे थे। लेकिन शब्द जैसे एक गहन अनुभूति से पके हुए। कई दिन तक इस छोटी-सी मुलाकात का नशा मेरे मन पर छाया रहा।

पानतावणे गुरुजी ने मेरी कविताओं का अनुवाद मराठी में किया था। सचमुच मुझ जैसे एक अनजान कवि के लिए एक बड़ी उपलब्धि थी। 'अस्मितादर्श' पत्रिका ने मराठी दलित साहित्य के लिए एक ऐसा मंच तैयार किया था, जिसने नए-नए रचनाकारों को ऊँचाई दी थी। डॉ. गंगाधर पानतावणे जी ने सम्पादक के नाते अपना कर्तव्य निभाया था। उनका योगदान दलित

साहित्य में मील का पत्थर है।

कुरेशी से एक कवि-सम्मेलन में मुलाकात हुई थी। महाराष्ट्र पुलिस में सब-इंस्पेक्टर थे। हमउम्र, मिलनसार, साहित्य अभिरुचि के दुबले-पतले कुरेशी नागपुर के रहनेवाले थे। अनिच्छा से पुलिस की नौकरी में आए थे। पुलिसवाला बनने में उन्हें वक्त लगा था। ऑर्डनेंस फैक्टरी एस्टेट में पुलिस चौकी के प्रभारी थे। पुलिस चौकी के पास ही डी.एस.सी. लाइन के एक बँगले में रहते थे। दो-चार मुलाकात के बाद ही हम लोग एक-दूसरे के करीब आ गए थे।

कुरेशी को जब भी रात की ड्यूटी पर कहीं जाना होता था या दो-चार दिन के लिए बाहर जाते थे, श्रीमती कुरेशी को मेरे यहाँ छोड़ जाते थे। वे बहुत खूबसूरत थीं। पुलिस लाइन में उन्हें अकेला छोड़ना कुरेशी को स्वीकार्य नहीं था। कई बार तो रात दो-ढाई बजे भी वे श्रीमती कुरेशी को मेरे यहाँ लेकर आए थे। चन्दा और श्रीमती कुरेशी में खूब पटती थी। उनके दो जुड़वाँ बेटे थे। बहुत ही प्यारे थे। चन्दा ने उनका नाम 'राम' और 'श्याम' रख दिया था। कुरेशी भी उन्हें इसी नाम से बुलाता था। हम लोगों से वे दोनों काफी घुल-मिल गए थे।

कुरेशी के बराबर के बँगले में डी.एस.सी. के नए कमांडेंट तबादला होकर आए थे। मुजफ्फरनगर जिले के ही रहनेवाले थे। कुरेशी को पता चला तो मुझसे जिक्र किया, "आपके ही जिले के हैं। आज शाम को आ जाओ...मुलाकात करा देंगे।"

मैंने कोई विशेष इच्छा व्यक्त नहीं की थी। कुरेशी ताड़ गया था। कुछ नाराज भी हुआ था। "अजीब आदमी हो। अपने ही जिले का व्यक्ति इतनी दूर मिल जाने पर भी खुश नहीं हो।"

मैंने कहा, "क्या होगा मिलकर? मिलते ही पहले 'जाति' पूछेगा। जाति पता चलते ही उसके मुँह का स्वाद बिगड़ जाएगा...फिर भला मुझे क्या खुशी होगी!"

कुरेशी ने अजीब-सी कड़ुवाहट से कहा था, "वाल्मीकि, तुम इस खोल से बाहर कब निकलोगे?"

उस रोज हम दोनों में इस बात को लेकर तीखी बहस शुरू हो गई थी। आखिर में यह तय हुआ था कि चलो परीक्षण के तौर पर मिलते हैं। कुरेशी का मानना था, 'फौज' के लोग इन बातों पर ध्यान नहीं देते। तुम भयभीत हो इसलिए प्रत्येक व्यक्ति पर शक करते हो।

अगले रोज मैं चन्दा के साथ कुरेशी के बँगले पर गया था। श्रीमती कुरेशी के हाथ की बिरयानी खाने का स्वाद ही कुछ अलग था। चन्दा को वहीं छोड़कर, मैं कुरेशी के साथ कमांडेंट के बँगले पर गया, वे बरामदे में ही मिल गए थे। कुरेशी ने मेरा परिचय कराया। सिर्फ 'ओमप्रकाश' ही नाम बताया था। 'वाल्मीकि' को गोल कर दिया था।

कमांडेंट साहब गर्मजोशी से मिले थे। यह सुनकर खुश हुए थे कि मैं बरला का रहनेवाला हूँ। अभी ठीक से बैठे भी नहीं थे कि उन्होंने कहना शुरू किया, "बरला तो त्यागियों का गाँव है। आप किस 'जाति' से हैं?" मैंने कुरेशी की ओर देखा। उसके चेहरे का रंग बदल गया था। प्रश्न स्वाभाविक तौर पर पूछा गया था। कमांडेंट के चेहरे पर उस समय सहजता थी। मैंने जैसे ही अपनी जाति 'चूहड़ा' बताई, वे असहज हो गए थे। साथ ही बातचीत का सिलसिला भी थम गया था। जैसे बात करने लायक कुछ बचा ही नहीं था। कुरेशी के लिए यह नया अनुभव था।

मैंने कुरेशी से कहा कि चलें या कुछ और बाकी है। कुरेशी का मूड उखड़ गया था। वह उठकर खड़ा हो गया था।

"अच्छा, कमांडेंट साहब, चलते हैं..." कुरेशी और मैं उनके बँगले से बाहर आ गए थे।

अगले रोज कमांडेंट ने कुरेशी को समझाने की कोशिश की थी, "कुरेशी साहब, हमारे जिले में इन्हें (मेरी ओर इशारा था) नीच जात माना जाता है। घर की दहलीज के भीतर इनका प्रवेश नहीं होता, और आपका उठना-बैठना है। साथ में खाना भी खाते हैं।"

कुरेशी ने उनके उपदेश को वहीं विराम लगा दिया था। उस रोज के बाद उन दोनों में दुआ-सलाम भी खत्म हो गई थी। कुरेशी मेरे और करीब आ गया था।

चन्द्रपुर महाराष्ट्र का एक पिछड़ा जिला था जिसकी सीमाएँ आन्ध्रप्रदेश और मध्यप्रदेश को छूती थीं। आठवें दशक में इस जिले में औद्योगिक विकास बहुत तीव्र गति से हुआ था। कोयले का प्रचुर भंडार, इस जिले को कोयला उत्पादन करनेवाले क्षेत्रों में एक महत्त्वपूर्ण स्थान पर रखता है। इन तमाम स्थितियों में अपराध-दरें भी बढ़ी हैं।

उसी दौरान इस जिले में डकैती और राहजनी की कई वारदातें हो गई थीं। पुलिस की सक्रियता बढ़ गई थी। शरद पवार पर राजनीतिक दबाव था। स्थानीय पुलिस की मदद के लिए आरक्षित पुलिस को भी लगा दिया गया था।

चन्दा देहरादून गई हुई थी। मैं अकेला था घर में। रात दस बजे बाहर पुलिस जीप रुकने की आवाज आई। मैंने खिड़की से झाँककर देखा। कुरेशी जीप से उतरकर सीढ़ियों की ओर आ रहा था।

मैंने दरवाजा खोला। कुरेशी ने अन्दर आते हुए कहा, ''चलो, आज तुम्हें रात्रि-भ्रमण पर ले चलते हैं।''

मैंने पूछा, ''कहाँ?''

''चलो तो सही...'' कुरेशी ने उतावलेपन से कहा।

जीप में कुरेशी के साथ प्रादेशिक पुलिस के एक इंस्पेक्टर वर्मा सहित चार-पाँच सिपाही थे।

रास्ते में कुरेशी ने इंस्पेक्टर वर्मा से परिचय कराया। डाकू-उन्मूलन फोर्स के स्पेशल इंचार्ज थे। आज की रात पेट्रोलिंग ड्यूटी पर निकले थे। एकबारगी तो मैं चिन्तित हो उठा था। पता नहीं आज कुरेशी किस मुसीबत में फँसाने के लिए ले जा रहा है, लेकिन इंस्पेक्टर वर्मा के व्यवहार और बातचीत ने मुझमें साहस जगा दिया था, और मैं एक अनुभव के लिए मानसिक रूप से तैयार हो गया था।

कॉलोनी चेक पोस्ट से जीप भद्रावती पेट्रोल पम्प की ओर मुड़ गई थी। जीप में तेल भरवाने के बाद, राष्ट्रीय राजमार्ग पर आते ही जीप की गति तेज हो गई थी। अभी चार-पाँच किलोमीटर भी नहीं गए थे कि वरोरा की ओर से पुलिस अधीक्षक की गाड़ी का सायरन सुनाई पड़ा। जीप में बैठे सभी लोग सतर्क हो गए थे।

अधीक्षक की गाड़ी जीप के बराबर में आकर रुक गई थी। वे सभी जीप से उतरकर पंक्तिबद्ध खड़े हो गए थे। मुझे सिविल कपड़ों में देखकर अधीक्षक ने कुरेशी से पूछा, "जीप में कौन है?"

कुरेशी ने तत्परता से उत्तर दिया, "सर! पूछताछ के लिए वरोरा ले जा रहे हैं।"

पता नहीं कुरेशी की बात का अधीक्षक पर कितना और कैसा प्रभाव पड़ा, लेकिन मेरी हृदयगति बढ़ गई थी। अधीक्षक के जाते ही वे सब फटाफट जीप में चढ़ गए थे। सभी ने राहत की साँस ली थी।

मैं अभी तक घबराया हुआ था। मैंने कुरेशी से पूछा, "मुझे किस मुसीबत में फँसा रहे हो?"

कुरेशी ने ठहाका लगाया था। इंस्पेक्टर वर्मा ने मेरी हथेली अपने दोनों हाथों में लेकर मुझे आश्वस्त किया था, "आज की रात आप हमारे साथी हैं। चिन्ता बिलकुल न करें।"

अचानक एक जगह जीप रुक गई थी। वे सभी जीप से उतरकर इधर-उधर खड़े हो गए। कुरेशी और वर्मा अलग जाकर खड़े हो गए थे। मैं जीप में ही बैठा था। आने-जानेवाले ट्रकों, कारों को रोककर जाँच-पड़ताल होने लगी थी। एक ट्रक आन्ध्रप्रदेश से लाल मिर्च लेकर आ रहा था। ड्राइवर और ट्रक क्लीनर को पुलिस ने नीचे उतार लिया था। पुलिस उन्हें ट्रक खाली करके चेक कराने की जिद कर रही थी। ट्रक-ड्राइवर जानता था, इस सुनसान जगह पर ट्रक खाली करने का अर्थ क्या है।

काफी देर की खींचतान के बाद ड्राइवर ने एक सिपाही की मुट्ठी में कुछ रुपए ठूँस दिए और ट्रक खाली कराने का नाटक अचानक खत्म हो गया था।

आठ-दस ट्रकों के साथ यही नाटक दोहराया गया था। मैं जीप में बैठकर यह तमाशा देख रहा था। पुलिस के इस चरित्र पर कुरेशी से कई बार लम्बी बहस हो चुकी थी। उसके अपने अनुभव थे। यदि वह ऐसे न करे तो ऊपरवालों की नजर में अकर्मण्य था। उसकी गोपनीय रिपोर्ट खराब हो चुकी थी इसी आधार पर। यानी उसे भी इसी मशीनरी का हिस्सा बनना पड़ा था।

कुरेशी के तर्कों की सच्चाई नाप लेने का कोई यंत्र मेरे पास नहीं था। मैंने एक बार कहा भी था, "कुरेशी, अपने गुनाहों को छिपा लेने का यह अच्छा तरीका है। अपने से ऊपरवालों के सिर दोष मढ़ दो। ऐसे ही ऊपरवाले नीचेवालों को दोषी बताकर बच जाते होंगे।"

रात साढ़े बारह बजे हम वणी पहुँच गए थे। वणी में उन दिनों मेला चल रहा था। मेले में जैसे ही जीप रुकी, एक-एक करके सभी सिपाही इधर-उधर हो गए थे। कुरेशी और वर्मा एक चाय की दुकान के सामने पड़ी कुर्सियों पर बैठ गए थे। दुकानदार ने उनकी खूब खातिरदारी की थी।

काफी देर तक भी सिपाही नहीं लौटे तो इंस्पेक्टर वर्मा ने कुरेशी से पूछा, "ये सब कहाँ गए?"

कुरेशी ने कटुता-भरे स्वर में कहा, "जाएँगे कहाँ...अपनी माँ-बहनों के संग मुँह काला करने गए हैं।"

उस मेले में काफी संख्या में ऐसी स्त्रियाँ आती थीं जो धन्धा करती थीं। पुलिस जानते हुए भी उन्हें नहीं हटाती थी। हो सकता है, वहाँ से वसूली ही की जा रही हो! मेरा मन कड़ुवा हो गया था यह सोचकर ही। ऐसे क्षणों में मुझे लगता था, जैसे कुरेशी के सिर पर सींग निकल आए हैं। एक संवेदनशील व्यक्ति के चरित्र में दो चरित्र एक साथ थे। कभी-कभी मुझे लगता था, यदि कुरेशी पुलिस में न होता तो शायद एक अच्छा, संवेदनशील कवि जरूर होता।

दो बजे के आसपास यह डाकू-उन्मूलन फोर्स मेले से निकलकर कच्चे रास्तों पर चल पड़ी थी। एक-दो गाँव में सामान्य पूछताछ करके फिर से पक्की सड़क पर आ गए थे।

वरोरा थाने में पहुँचकर रात-भर की रिपोर्ट दर्ज कराने कुरेशी और वर्मा अन्दर चले गए थे। मैं जीप की सीट पर लेटकर झपकियाँ लेने लगा था।

कुरेशी ने मुझे जगाकर पूछा था, "चाय लोगे?" एक सिपाही चाय का कप हाथ में लिये खड़ा था। चाय का घूँट भरने से कुछ देर के लिए नींद भाग गई थी।

सुबह पाँच बजे कुरेशी मुझे क्वार्टर में छोड़कर पुलिस लाइन लौट गया था। मेरी आँखों में नींद भरी हुई थी। लेटते ही सो गया था।

काफी दिन चढ़े आँख खुली। रविवार था, इसलिए कोई हड़बड़ी नहीं थी। अपने लिए एक कप चाय बनाकर अखबार के पन्ने पलटने लगा तो एक शीर्षक पर ध्यान गया। किसी गाँव में डकैती की एक और वारदात हो गई थी। मेरी आँखों के सामने समूची रात के क्रियाकलाप घूम गए। डाकू-उन्मूलन पर निकली फोर्स के कारनामे मेरी स्मृति में दर्ज हो गए थे।

दोपहर दो-ढाई बजे कुरेशी फिर पहुँच गया था। अपने उसी दल-बल के साथ। अधीक्षक ने अपने कार्यालय में बुलाया था। कार्यालय शहर में कॉलोनी से तीस किलोमीटर दूर था। कुरेशी मुझे साथ लेने आया था। मैंने इनकार किया, लेकिन वह माना नहीं। मुझे चलना पड़ा।

घोड़पेठ से आगे एक पन्द्रह-सोलह वर्ष का लड़का कन्धे पर थैला लटकाए पैदल आ रहा था। कुरेशी ने जीप रुकवाई और उस लड़के को आवाज दी। पुलिस की गाड़ी देखकर वह डर गया था।

कुरेशी ने उसे डाँटते हुए पूछा, "कहाँ जा रहा है?"

लड़के ने सहमते हुए जवाब दिया, "अपने गाँव।"

"कौन-सा गाँव?" कुरेशी ने पूछा।

"वणी के पा..." लड़के ने अटकते हुए कहा।

"वणी के पास...इतनी दूर पैदल...!" कुरेशी के भीतर का पुलिस चरित्र उभरने लगा था।

"हो...साहेब ...पैसे नहीं हैं बस-किराए के लिए।" लड़के ने रुआँसा होकर कहा।

"कहाँ से आ रहे हो?" कुरेशी ने अगला सवाल दागा।

लड़का घबरा गया था। चन्द्रपुर के किसी होटल का नाम बता रहा था जहाँ वह काम करता था। होटल मालिक ने छुट्टी नहीं दी, न चार महीने का बकाया वेतन। लड़के की जेब में इतने पैसे नहीं थे कि वह चन्द्रपुर से वणी तक बस में जा सके। माँ की बीमारी की खबर सुनकर वह अपने गाँव जा रहा था।

पूछताछ के दौरान कुरेशी ने उसे दो-तीन थप्पड़ जड़ दिए थे।

"झूठ बोलता है? सच-सच बता, माजरा क्या है?"

"साहेब, मी खरं साँग तो...शप्पथ देवा ची।" (साहब, मैं सच कहता हूँ...भगवान की शपथ) थप्पड़ लगते ही लड़का मराठी बोलने लगा था।

मैं फटी-फटी आँखों से कुरेशी को देख रहा था। मुझे अजीब लगा था कुरेशी का व्यवहार। मैंने कुरेशी को रोकते हुए कहा, "कुरेशी, तुम्हारी नजर में यह झूठा, मक्कार, चोर या डाकू...कुछ भी हो सकता है। लेकिन इसकी जेब में पैसे नहीं हैं, यह सच है...फिर भी तुम इसे पीट रहे हो! होटल मालिक जिसने इसे वेतन नहीं दिया...उसकी ओर निगाह ऊँची करके भी तुम नहीं देख सकते...इसकी मदद करने या इसका वेतन दिलवा पाने का भी कोई कानून तुम्हारी पुलिस के पास है? या सिर्फ इसे पीटते ही रहना कानून की दंड संहिता है?"

मेरे इस हस्तक्षेप ने सभी को क्षण-भर को स्तम्भित कर दिया था। लड़के में भी थोड़ी हिम्मत आ गई थी। उसने कुरेशी के पाँव पकड़ लिये, "साहब, मी खरं बोलतो। (मैं सच बोल रहा हूँ)चाहे तो होटल में जाकर पता कर लो।"

कुरेशी ने उसे जीप में बैठा लिया था। चन्द्रपुर रेलवे पुल के पास ही एक होटल का नाम उसने बताया था। जीप होटल के ठीक सामने जाकर रुकी थी। होटल में चाय-नाश्तेवालों की भीड़ थी। काउंटर पर बैठा होटल मालिक नौकर के साथ पुलिस को देखकर सकपका गया था। कुरेशी ने उसके मनोभाव ताड़ लिये थे। मैं कुरेशी के पीछे खड़ा था।

कुरेशी ने रोब से पूछा, "यह तुम्हारे होटल में काम करता है?"

"जी...साहेब...क्या किया है इसने?" मालिक ने मासूम बनने की कोशिश की।

"इसे पगार क्यों नहीं दिया?" कुरेशी ने सवाल दागा।

"मैं अभी देता हूँ साहेब...आज यह काम पर नहीं आया था..." होटल मालिक ड्राअर खोलने लगा था।

"कितने महीने से तनख्वाह नहीं दी इसे?" कुरेशी ने पूछा।

"साहेब, आजकल धन्धा मन्दा चल रहा है..." मालिक ने मिमियाते हुए कहा।

नौकर को हिम्मत आ गई थी। उसने कुरेशी से कहा, ''साहेब, चार महीने से एक भी पैसा नहीं दिया।''

होटल मालिक ने चार महीने की पगार नौकर के हाथ पर रख दी थी।

लड़के के चेहरे पर खुशी की रेखाएँ खिंच गई थीं।

कुरेशी ने मेरी ओर मुस्कुराकर देखा। मैंने कहा, ''कुरेशी, तुम्हारे खाते में एक तो अच्छा काम जुड़ा...''

लड़के ने एक बार फिर कुरेशी के पाँव पकड़कर आभार व्यक्त किया था।

बल्लारपुर पेपर मिल्स, बल्लारपुर प्रतिवर्ष नाट्य प्रतियोगिता का आयोजन करता था। मराठी और हिन्दी नाटकों की यह प्रतियोगिता रंगकर्मियों के लिए ही नहीं, बल्लारपुर और आसपास के दर्शकों के लिए भी महत्त्वपूर्ण थी।

'मेघदूत नाट्य-संस्था' ने इस प्रतियोगिता में 'आधे-अधूरे', 'हिमालय की छाया', 'सिंहासन खाली है', 'पैसा बोलता है' नाटकों का मंचन करके अपनी एक विशिष्ट जगह बना ली थी। कई पुरस्कार भी जीते थे—इस प्रतियोगिता में मुझे कई बार सर्वोत्तम अभिनेता और सर्वोत्तम निर्देशक का पुरस्कार मिला था। 'आधे-अधूरे' में सावित्री को और 'हिमालय की छाया' की केन्द्रीय भूमिका के लिए चन्दा को सर्वश्रेष्ठ अभिनेत्री का पुरस्कार मिला था।

डॉ. हीरा लाल वर्मा, किशन शर्मा जैसे मित्र और मार्गदर्शक इसी प्रतियोगिता के माध्यम से सम्पर्क में आए थे। हीरालाल वर्मा एक अच्छे नाट्य-लेखक थे। उनके 'मर्सी किलिंग' नाटक को पसन्द किया गया था।

किशन शर्मा आकाशवाणी, नागपुर के विविध भारती केन्द्र में वरिष्ठ उद्घोषक और मंचों के लोकप्रिय कलाकार थे। मुझे आकाशवाणी में उन्होंने ही परिचित कराया था। बड़े भाई की तरह उनका स्नेह मुझे मिलता था। चन्दा उनका बहुत आदर करती थी। मुझे बनाने में किशन शर्मा जी का बहुत बड़ा

योगदान है। वे जितने अच्छे कलाकार थे उतने ही संवेदनशील इनसान भी, जो मानवीय अनुभूतियों को परख लेने की क्षमता रखते थे।

डॉ. हनुमन्त नायडू से चन्द्रपुर ऑर्डनेंस फैक्टरी, कॉलोनी में एक कवि-सम्मेलन के दौरान मुलाकात हुई थी। पहली ही मुलाकात में वे अपने से लगे थे। नागपुर महाविद्यालय में हिन्दी विभागाध्यक्ष थे। अच्छे गजलकार होने के साथ नवभारत में व्यंग्य-शैली में एक स्तम्भ भी लिखते थे। पारिवारिक स्तर पर भी वे बेहद आत्मीय थे। जब भी नागपुर जाना होता था, उनके निवास (पहले मोहननगर, बाद में सदर चले गए थे) पर मैं जरूर जाता था। वे मेरे लिए एक ऐसे मार्गदर्शक थे जिन्होंने मेरी कमजोरियों के प्रति मुझे सचेत किया। मेरी भाषा को परिमार्जित किया। उनके सान्निध्य में ही विजय व्यास और रञ्जन त्रिवेदी (कथाकार) से परिचय हुआ था। विजय व्यास भी उन दिनों नवभारत में एक साहित्यिक स्तम्भ चला रहे थे। नए उभरते रचनाकारों के लिए यह स्तम्भ महत्त्वपूर्ण था। इसी स्तम्भ में विजय व्यास ने मेरी कविताओं को समीक्षात्मक टिप्पणी के साथ छापा था।

प्रसिद्ध गीतकार वीरेन्द्र मिश्र जी से भी मेरी भेंट डॉ. हनुमन्त नायडू जी के निवास पर हुई थी। नागपुर के जाने-माने रचनाधर्मी डॉ. नायडू के घर पर जमा होते थे।

डॉ. नायडू मेरी दलित विषयक रचनाओं पर वैसे तो कुछ खुलकर नहीं कहते थे। लेकिन अस्पृश्यता का विचार उन्हें बहुत पीछे का लगता था। कई बार लगता था जैसे कहीं हमारे बीच वैचारिक असहमति है, लेकिन डॉ. नायडू का स्नेह इस असहमति को कहीं पीछे धकेल देता था।

भदन्त आनन्द कौसल्यायन जी के संग बिताए क्षण मेरे जीवन की अमूल्य धरोहर हैं। भदन्त आनन्द कौसल्यायन जी डॉ. अम्बेडकर और राहुल सांकृत्यायन जी के साथ लम्बे समय तक रहे हैं। राहुल जी की रचनाओं से मेरा परिचय काफी पहले से था। 'मानव-समाज' ने जहाँ मानव विकास की प्रक्रिया से मुझे अवगत किया था, वहीं 'वैज्ञानिक भौतिकवाद' ने मेरे मन से ईश्वर का अस्तित्व मिटा दिया था, 'वोल्गा से गंगा' ने एक नई चेतना का संचार किया था। सांस्कृतिक विरासत के नाम पर जो झूठ पाठ्य-पुस्तकों

द्वारा रगों में भरा जा रहा था, उसे 'वोल्गा से गंगा' से छिन्न-भिन्न कर दिया था।

उन दिनों मैंने अपने एक मित्र को, जिसे भारतीय अतीत पर गौरव था, 'मानव समाज' और 'वोल्गा से गंगा' पढ़ने को दी थी। वह इन पुस्तकों को पढ़कर विचलित हो गया था। उसके भीतर वैचारिक खलबली मच गई थी। लेकिन संस्कारों की जकड़न से मुक्त होना, उसके वश में नहीं था। राहुल सांकृत्यायन का नाम सुनते ही वह परेशान होने लगा था।

बौद्ध धर्म की अनेक पुस्तकें मैंने राहुल जी के अनुवादों से पढ़ी थीं। 'अंगुत्तर निकाय', 'मज्झिम निकाय', 'संयुक्त निकाय', सुत्तपिटक', 'दीघ निकाय', 'बौद्ध दर्शन' आदि राहुल जी की पुस्तकों ने मेरे भीतर एक नई चेतना पैदा की थी।

भदन्त आनन्द कौसल्यायन से राहुल जी के संस्मरण सुनना अच्छा लगता था। मुझे हमेशा अफसोस रहा है कि मैं राहुल जी को देख नहीं पाया। लेकिन उनकी पुस्तकें मेरे लिए उतनी ही जरूरी हैं जितना जिन्दा रहना। 'दर्शन-दिग्दर्शन', 'तिब्बत की यात्राएँ', 'चीन-यात्रा' जैसी पुस्तकें विश्व को मेरे पास ले आई थीं। एक ऐसी चेतना का संचार मेरे अन्तस में कर रही थीं जिसके लिए मैं भटकता रहा हूँ।

राहुल सांकृत्यायन जी के विषय में ऐसी जानकारियाँ भदन्त आनन्द कौसल्यायन जी के पास थीं, जिसे अन्यत्र कहीं पढ़ा या जाना नहीं था।

कविता, नाटक आदि के साथ-साथ कहानी की ओर भी मेरा झुकाव बढ़ने लगा था। कहानी का पाठक तो प्रारम्भ से ही था। 1978-79 के आसपास मैंने कहानी लिखना शुरू किया था।

'जंगल की रानी' आदिवासी पृष्ठभूमि पर आधारित कहानी मैंने 'सारिका' को भेजी थी। उन दिनों अवधनारायण मुदगल 'सारिका' के सम्पादक थे। रमेश बतरा, सुरेश उनियाल आदि भी 'सारिका' में ही थे। सुरेश उनियाल देहरादून से थे। 'सारिका' से स्वीकृति पत्र आ गया था। 'सारिका' उन दिनों साहित्यिक गतिविधियों की केन्द्रीय पत्रिका थी। 'सारिका' में छपने की लालसा प्रत्येक नए रचनाकार में होती थी। कहानी की स्वीकृति पाकर मैं उछल पड़ा

था। स्वीकृति–पत्र उस समय मेरे लिए मात्र कागज का एक टुकड़ा भर नहीं था।

लेकिन कई बरस तक 'सारिका' ने वह कहानी अटकाकर रखी। इस बीच जब भी मैं छुट्टी आता, 'सारिका' के दफ्तर जाकर कहानी की याद दिलाता। सुरेश उनियाल हर बार आश्वासन देते। लेकिन कहानी अन्त तक छपी नहीं। सुभाष पन्त और सुरेश उनियाल की अच्छी मित्रता थी। मैंने सुभाष पन्त से कहा कि आप सुरेश उनियाल से कहें। लेकिन सुभाष पन्त ने कहा या नहीं, मैं नहीं जानता। हाँ, एक नई प्रति भेजने के लिए सुभाष पन्त ने मुझसे कहा। मैंने एक प्रति और भेज दी।

1990 में कहानी की वे दोनों प्रतियाँ एक टंकित पत्र के साथ वापस आ गईं कि हम आपकी कहानी अभी तक छाप नहीं पाए हैं; हाँ, प्रतीक्षा का और हौसला हो तो वापस भेज दें। यानी पूरे दस वर्ष तक प्रतीक्षा कराने के बाद और प्रतीक्षा...यह कैसा मजाक है! साहित्य के भीतर भी एक सत्ता है जो अंकुरित होते पौधों को कुचल देती है। 'सारिका' बन्द हुई, मुझ जैसे न जाने कितने रचनाकारों की हत्याएँ की होंगी सारिका–सम्पादक मंडल ने, जो विशेषांकों की बाढ़ में अपनी नाव तो बचा ही नहीं पाए, हम जैसों को क्या पार लगाते! साहित्यिक क्षेत्रों में यह कोई पहली घटना नहीं थी। फिर भी मुझे लगता रहा कि नए रचनाकारों को रोकना भी शायद सम्पादक और साहित्यकारों की कोई रणनीति है। आभार 'हंस' का, जिसमें मेरी कहानियाँ छपीं। राजेन्द्र यादव ने जिस स्नेह और प्यार के साथ मुझे छापा, मेरे लिए एक नया जन्म था, वरना मारनेवालों ने कमी नहीं की थी।

देहरादून में हमारे विभाग का एक नया प्रोजेक्ट शुरू हुआ जिसके लिए नाम माँगे गए थे। मैंने भी अपना नाम दे दिया था।

अप्रैल, 1985 में मेरे नाम की स्वीकृति आ गई थी। लेकिन महाप्रबन्धक ने अभी तक उसे रोका हुआ था। संयुक्त महाप्रबन्धक श्री गोयल से मेरे अच्छे सम्बन्ध थे। शायरी का उन्हें शौक था। उन्हीं के द्वारा मुझे सूचना मिली थी। उनकी सूचना के आधार पर मैं महाप्रबन्धक श्री एस.एस. नटराजन जी से मिला। वे मुझे छोड़ना नहीं चाहते थे। लेकिन मैंने जब अपने मन की बात

उन्हें बताई तो वे मान गए थे।

22 जून, 1985 को ऑर्डनेंस फैक्टरी, चन्द्रपुर से मेरा स्थानान्तरण ऑर्डनेंस फैक्टरी, देहरादून के लिए हो गया था। मैं लगभग तेरह वर्ष चन्द्रपुर में रहा था। चन्द्रपुर छोड़ते हुए लग रहा था जैसे मैं अपना घर छोड़कर जा रहा हूँ। बहुत-कुछ था मेरे पास जो चन्द्रपुर ने मुझे दिया था। मेरे अनुभवों की फेहरिस्त में जो कुछ भी है वह सब चन्द्रपुर की ही देन है।

चन्दा भी चन्द्रपुर छोड़ना नहीं चाहती थी। वहाँ के जीवन में वह ऐसे रम गई थी कि उसे छोड़ना मुश्किल लग रहा था। सालिग सिंह सपकाले की पत्नी वन्दना और उसके बेटे-बेटियाँ जैसे हमारे ही बच्चे थे। मन्नी तो मुझे डैडी और चन्दा को आई (माँ) कहती थी। अपनी माँ को वह नाम से बुलाती थी। उन सबको छोड़ना चन्दा के लिए मुश्किल था।

उस रात हम सोए नहीं थे। वन्दना और सालिक, मन्नी हमारे पास बैठे रहे। सुबह ही निकलना था। वह सुबह बेहद पीड़ादायक थी।

जी.टी. एक्सप्रेस से हम देहरादून के लिए रवाना हो गए थे। वे तमाम लोग पीछे छूट गए थे जिनके साथ रहकर सुख-दुख बाँटा था।

आज भी महाराष्ट्र की माटी की गन्ध मेरे पोर-पोर में बसी है।

नाम का उत्तरार्द्ध जिसे उपनाम का सरनेम कहा जाता है, मेरे नाम के साथ जुड़कर कई प्रकार की विषम परिस्थितियाँ उत्पन्न करनेवाला सिद्ध हुआ है, अपनी जाति बोधकता के कारण। जब ये स्थितियाँ अन्तर्सम्बन्धों को प्रभावित करने लगती हैं तो इस नाम से छुटकारा पाने की सोचने लगता हूँ। लेकिन जीत उपनाम ही की हुई है। अभी तक तमाम हादसों के बाद भी मैं इसे नहीं छोड़ पाया हूँ; बल्कि यह और भी अधिक आत्मीय लगने लगा है।

मराठी के चर्चित दलित कवि लोकनाथ यशवन्त को मेरा 'वाल्मीकि' सरनेम आकर्षक लगता है। और भी अनेक मित्र हैं जिन्हें मेरा सरनेम सार्थक लगता है। ओमप्रकाश एक घिसा-पिटा सा नाम 'वाल्मीकि' जुड़ने से ही पूर्ण

हुआ है, कई लोगों का यह मानना है।

पूर्ण हुआ या नहीं; हाँ, इस सरनेम के कारण मैंने कई खतरे उठाए हैं। सच पूछा जाए तो मेरे संघर्षों और सरोकारों का साथी बन गया है यह सरनेम। 'ओमप्रकाश' पर यह 'वाल्मीकि' कुछ भारी भी पड़ने लगा है।

स्कूल-कॉलेज में सहपाठियों से लेकर अध्यापकों, गुरुजनों ने इस सरनेम पर बहुत बार छींटाकशी की थी। मजाक भी बनाया गया। लेकिन कुछ लोग ऐसे भी थे जिन्हें यह साहसिक कदम लगता था। उनका तर्क था कि एक अछूत, निम्न कही जानेवाली 'जाति' का व्यक्ति अपने नाम के साथ अपनी 'जाति' को सरनेम की तरह लगाए, वह भी श्रेष्ठता भाव के साथ तो साहसिक हुआ ही। एक सज्जन ने इस तर्क की भी धज्जियाँ उड़ा दी थीं। उसका कहना था, "साहस की क्या बात है...है तो चूहड़ा ही अच्छा है, जाति पूछने की जहमत से बच गए।"

कुछ लोगों का यह भी कहना है कि यह एक बेवकूफी भरा कदम है, उस समय जब समाज में 'जाति' के साथ मान-अपमान जुड़ा हो। सरनेम जान लेने पर लोगों का व्यवहार बदल जाता है। ऐसा कहनेवालों में ज्यादातर मेरी ही 'जाति' के पढ़े-लिखे, मेरे परिवारजन, नाते-रिश्तेदार होते हैं। तथाकथित दलित साहित्यकार भी हैं। कई अधिकारी, विद्वान अक्सर मुझसे फासला रखने का प्रयास करते हैं। ऑर्डनेंस फैक्टरी प्रशिक्षण संस्थान, खमरिया, जबलपुर में तकनीकी प्रशिक्षण के दौरान एक वर्ष का प्रशिक्षण पूरा होते ही मैंने एक प्रतियोगी परीक्षा के लिए आवेदन-पत्र भरा-था, जिसे प्रशिक्षण प्रभारी श्री गुप्ता के सामने प्रस्तुत करना था। श्री गुप्ता मेरठ के पास किसी गाँव के रहनेवाले थे। 'वाल्मीकि' सरनेम की वास्तविकता से वे अच्छी तरह परिचित थे। उन्होंने उलट-पुलटकर मेरा आवेदन फॉर्म कई बार देखा। जैसे उन्हें विश्वास ही नहीं हो पा रहा था। स्थायी पते में बरला, मुजफ्फरनगर देखकर उनका आश्चर्य और क्षोभ एक साथ फूटे, "अबे, सौहरे (ससुरे) यहाँ तक पहुँच गिया!"

उनका इस प्रकार बोलना मुझे अनुचित लगा। मैंने प्रतिरोध किया तो वे और अधिक उत्तेजित होकर बिफरने लगे।

"तू!...मुझे बोलने की तमीज सिखाएगा..." उनके इस व्यवहार से मेरा आक्रोश भी बाहर आ गया था। पास ही मेरा एक साथी खड़ा था और इस हादसे का साक्षी था, वह समझा-बुझाकर मुझे गुप्ता के कक्ष से बाहर ले आया था। बाहर आने पर उसने कहा था, "ट्रेनिंग में हो...ये तो चाहते हैं कि तुम उत्तेजना में कुछ उलटा-सीधा करो ताकि संस्थान से बाहर करने का अवसर इन्हें मिल जाए...इनकी चाल को समझो...।"

यह घटना फाँस की तरह सीने में गड़ गई थी उस रोज। प्रशिक्षण पूरा करके मैं प्रतियोगिता में चयनित होकर, आगे के कोर्स के लिए ऑर्डनेंस फैक्टरी प्रशिक्षण संस्थान, अम्बरनाथ (बम्बई) में आ गया था जहाँ मुझे दो वर्ष का कोर्स पूरा करना था। यही कोर्स मेरी जीविका का साधन बना। यदि उस रोज गुप्ता से हाथापायी हो जाती, जिसकी पूरी सम्भावना बन गई थी, तो मेरे भविष्य पर प्रश्नचिह्न लग जाता। कितना कुछ सहना पड़ा है यहाँ तक आते-जाते!

महाराष्ट्र प्रवास के दौरान ऐसे अनुभव हुए कि लोग 'वाल्मीकि' सरनेम के कारण मुझे ब्राह्मण समझ बैठे थे। ऐसा ही भ्रम अम्बरनाथ (बम्बई) में एक देशपांडे ने पाल लिया था। अक्सर अपने घर बुला लेते थे। घंटों बैठक जमती थी। कवि थे वे। एक रोज उनकी बातों से लगा कि वे मुझे ब्राह्मण समझ रहे हैं। मैंने उसी समय अपने सरनेम का भेद खोल दिया तो वे कुछ गुमसुम हो गए थे। अचानक हमारे बीच एक गहरी खाई बन गई थी। फिर हम कभी भी सहज नहीं हो पाए थे।

बाहर के ही नहीं, मेरे अपने भी इस सरनेम से परेशान होने लगे थे। मेरे पिताजी अपवाद जरूर थे। अनपढ़ होते हुए भी उनकी सोच दूसरों से भिन्न थी। उनके मन में बेइन्तहा ईमानदारी और आत्मनिष्ठा थी। वे स्वयं को 'शरभंग' कहा करते थे जिसका अर्थ मैं आज तक समझ नहीं पाया हूँ। उनमें हीनभावना लेशमात्र भी नहीं थी। अक्खड़पन उनमें जरूर था जो बोलने से लेकर चलने तक में झलकता था।

उन्हें काफी समय बाद पता चला था कि मैं अपने नाम के साथ 'वाल्मीकि' लगाता हूँ। जब उन्हें पता चला तो बहुत खुश हुए थे। उनकी

आँखों में एक चमक पैदा हो गई थी खुशी की, जिसे मैं आज तक भुला नहीं पाया हूँ।

मेरी पत्नी चन्दा मेरे इस सरनेम को कभी आत्मसात् नहीं कर पाई। न इसे अपने नाम में जोड़ती है। मेरे निकम्मेपन की गिनतियों में यह सरनेम भी एक है, जिसका जिक्र यदा-कदा वह कर देती है। अपने नाम के साथ वह वंशगोत्र खैरवाल जोड़ना ज्यादा पसन्द करती है।

चन्द्रपुर (महाराष्ट्र) में हमारा एक थिएटर ग्रुप था, मेघदूत नाट्य-संस्था, जिसे हमने लगभग दस वर्ष चलाया था, तबादला होने तक। उन दिनों हम दोनों पति-पत्नी नाटकों में सक्रिय थे। कई नाटकों का मंचन साथ-साथ किया था। 'आधे-अधूरे', 'दुलारीबाई', 'हिमालय की छाया', 'सिंहासन खाली है' आदि हमारे सफल नाटक थे। नाटकों की पब्लिसिटी में वह अपना नाम चन्दा खैरवाल ही प्रचारित करती थी। मुझ पर भी लगातार दबाव डालती थी कि मैं भी अपने नाम के साथ 'खैरवाल' ही लगाऊँ। अक्सर मैं टालने की कोशिश करता तो वह ऐसे तर्क दे डालती थी कि मुझे हार मान लेनी पड़ती थी। एक बार तो मैंने तय भी कर लिया था कि इस रोज-रोज की किचकिच से छुटकारा पाओ और अपना सरनेम बदल ही डालो। लेकिन दो-चार दिन बाद फिर मैं अपने पुराने सरनेम पर दृढ़ हो गया था।

आज भी घर-परिवार में जब इस सरनेम पर चर्चा होती है तो मेरी पत्नी दृढ़ शब्दों में कहती है, "यदि हमारा कोई बच्चा होता तो मैं इनका सरनेम जरूर बदलवा देती।" उस वक्त मुझे लगता है जैसे पत्नी मकान या कपड़े बदलने की बात कर रही है। ऐसा नहीं है कि ये वार्तालाप मुझे कोई दंश नहीं देते। मैं ऐसे क्षणों में विचलित हो उठता हूँ।

मेरे एक मित्र हैं दिनेश मानव जो आजकल (रामपुर) उ.प्र. में हैं, वे उन दिनों इलाहाबाद में थे। पत्रकारिता में सक्रिय थे। 'महोदिका' नाम की पत्रिका भी उन्होंने शुरू की थी। एक ही अंक निकला था। बन्द हो गई। उस अंक में मेरी एक कविता और एक लेख छपा था। लेखक की जगह सिर्फ ओमप्रकाश छपा था यानी सरनेम गायब था। सम्पादक ने एक टिप्पणी छापी थी कि हम नाम के साथ 'जाति-बोधक' उपनाम नहीं छापेंगे। इस प्रकार वे

जातिवाद खत्म करना चाहते थे।

दलितों में जो पढ़-लिख गए हैं, उनके सामने एक भयंकर संकट खड़ा हुआ है—पहचान का संकट, जिससे उबरने का वे तात्कालिक और सरल रास्ता ढूँढ़ने लगे हैं। अपने वंशगोत्र को थोड़े ही संशोधन के साथ अपने नाम के साथ जोड़ने लगे हैं। जैसे 'चिनालिए' से 'चन्द्रिल' या 'चंचल', 'सौदे' से 'सौदाई' या 'सूद' लिखने लगे हैं। एक सज्जन ने 'पार्चा' को 'पार्थ' बना लिया है। मेरी माँ का वंशगोत्र 'केसले' है जिसे कुछ लोग 'केसवाल' की तरह लिखने लगे हैं। यह उन्हें आसान लगता है। इन सबके पीछे 'पहचान' की तड़प है, जो 'जातिवाद' की घोर अमानवीयता के कारण प्रतिक्रियास्वरूप उपजी है। दलित पढ़-लिखकर समाज की मुख्यधारा से जुड़ना चाहते हैं, लेकिन सवर्ण (?) उन्हें इस धारा से रोकता है। उनसे भेदभाव बरतता है। अपने से हीन मानता है। उसकी बुद्धिमत्ता, योग्यता, कार्यकुशलता पर सन्देह व्यक्त किया जाता है। प्रताड़ित करने के तमाम हथकंडे अपनाए जाते हैं। इस पीड़ा को वही जानता है जिसने इसकी विभीषिका के नश्तर अपनी त्वचा पर सहे हैं। जिसने जिस्म को सिर्फ बाहर से ही घायल नहीं किया है अन्दर से भी छिन्न-भिन्न कर दिया है। अस्तित्व के इस संकटकाल में मुझ जैसा कोई जाति-बोधक सरनेम के साथ आता है तो वे तमाम लोग चौकन्ने हो जाते हैं। उन्हें लगता है जैसे कोई उनका भेद खोल रहा है, क्योंकि समस्या से पलायन उन्हें सहज और सरल लगता है जबकि सच यह है कि बदलाव पलायन से नहीं, संघर्ष और संवाद से आएगा।

मोहनदास नैमिशराय (कवि, लेखक, पत्रकार) आर्यनगर (नई दिल्ली)में रहते थे। उन दिनों जब भी मैं दिल्ली जाता था, उनके घर पर ही ठहरता था। अखिल भारतीय आयुर्विज्ञान संस्थान, नई दिल्ली में चन्दा का इलाज चल रहा था। चन्द्रपुर (महाराष्ट्र) से आना पड़ता था। मोहनदास नैमिशराय जी की पत्नी शकुन्तला जी ने सगे-सम्बन्धियों से भी ज्यादा मदद की थी। दफ्तर से छुट्टी लेकर हमारे साथ अस्पतालों और डॉक्टरों के चक्कर काटे थे। आयुर्विज्ञान संस्थान के बरामदों में घंटों भूखे-प्यासे खड़े रहकर अपना नम्बर आने का इन्तजार किया था।

मोहनदास नैमिशराय जी अपने किसी सम्पादक मित्र से मिलाने ले गए थे। उनकी पत्रिका में कुछ समय तक नैमिशराय जी ने सम्पादकीय विभाग में काम किया था। पत्रिका का दफ्तर और सम्पादक का निवास एक ही साथ था। मकान की सीढ़ियाँ चढ़ते हुए नैमिशराय जी ने कहा, ''आपका परिचय यदि सिर्फ 'ओमप्रकाश' कहकर ही दिया जाए...''

मुझे अजीब-सा झटका लगा था यह सुनकर। मैंने पूछा, ''क्यों?''

''उन्हें मेरे विषय में ज्यादा पता नहीं है...आदमी तो अच्छे हैं...मेरी काफी इज्जत करते हैं, फिर भी...'' नैमिशराय जी ने सफाई दी थी।

मेरे सामने सब कुछ स्पष्ट हो गया था। एक बार तो मन में आया, वापस लौट चलूँ, लेकिन भागना तो समस्या का समाधान नहीं था। उनके पीछे-पीछे चल दिया था।

जैन साहब सामने की कुर्सी पर बैठे थे। जब तक मोहनदास नैमिशराय विधिवत् परिचय की औपचारिकता निभाते, मैंने स्वयं आगे बढ़कर जैन साहब को अपना परिचय दे दिया था। वे गर्मजोशी से मिले थे। उनकी बातों या व्यवहार से ऐसा कुछ नहीं लगा था कि उन पर मेरे सरनेम का कुप्रभाव पड़ा है।

दलित-आन्दोलन से जुड़े रचनाकारों, बुद्धिजीवियों, कार्यकर्ताओं को अपने अन्तर्द्वन्द्वों से लगातार जूझना पड़ रहा है। कितना भय छिपा हुआ है मन के अँधेरे कोनो में, जो हमें सहज जीवन जीने ही नहीं देता!

मेरी भतीजी सीमा बी.ए. कर रही थी। कथाकार डॉ. कुसुम चतुर्वेदी हिन्दी विभागाध्यक्ष थीं। एक दिन बातचीत के दौरान, मैंने उनसे जिक्र किया कि मेरी भतीजी आपकी स्टूडेंट है। अगले रोज कक्षा में जाते ही डॉ. चतुर्वेदी ने सीमा से पूछ लिया कि ओमप्रकाश वाल्मीकि को जानती हो? सीमा ने कक्षा में एक नजर डाली और इनकार कर दिया।

उसी दिन शाम को सीमा ने पूरा किस्सा सुनाते हुए अपनी सफाई दे डाली थी। ''सभी के सामने अगर मान लेती कि आप मेरे चाचा हैं तो सहपाठिनों को मालूम हो जाता कि मैं 'वाल्मीकि' हूँ...आप फेस कर सकते हैं, मैं नहीं कर सकती...गले में 'जाति' का ढोल बाँधकर घूमना कहाँ की

बुद्धिमानी है?" सीमा के तर्क समूची व्यवस्था की विद्रूप तस्वीर बनकर सामने खड़े थे। सीमा और चन्दा दोनों ने मिलकर एक संयुक्त मोर्चा बना लिया मेरे सरनेम के खिलाफ।

चन्द्रपुर (महाराष्ट्र)से स्थानान्तरित होकर जब देहरादून आया, तो मकान की समस्या मुँह बाए सामने खड़ी थी। महीना-भर भटकने के बाद डॉ. सिन्धवानी का मकान मिला था करनपुर में। दो छोटे-छोटे कमरों में पूरी गृहस्थी को समेटना पड़ा था। ऐसा नहीं था कि देहरादून में मकानों की कमी थी या मैं किराया देने की स्थिति में नहीं था। बस, मकान मालिक मेरे नाम का उत्तरार्द्ध सुनते ही आँय-बाँय करने लगते थे; या फिर कोई बहाना गढ़कर इनकार कर देते थे।

डॉ. सिन्धवानी के मकान से आगे मोड़ पर भोला राम खरे रहते थे। उनकी पत्नी रामेश्वरी मेरी पूर्व परिचित थीं। थे तो वे भी वाल्मीकि ही, लेकिन खरे सरनेम लगा रखा था। यह मकान उनके ही माध्यम से मिला था।

उनकी बेटी मंजू बैंक में नौकरी करती थी। अक्सर शाम को या छुट्टी के दिन मंजू चन्दा के पास आ जाती थी। दोनों के बीच ननद-भाभी का रिश्ता बन गया था। इस रिश्ते की चपेट में मुझे भी आना पड़ गया था। मंजू मेरी मुँहबोली बहन बन गई थी।

इसी बीच मंजू का रिश्ता तय हो गया था। शादी-विवाह का पूरा इन्तजाम मेरे ही हाथ से हुआ था। बड़े भाई की जिम्मेदारी मैंने निभाने का पूरा प्रयास किया था। दफ्तर से छुट्टी लेकर घर-बाहर के तमाम कार्य पूरे किए थे। चन्दा ने घर के भीतर की जिम्मेदारी सँभाल रखी थी। सभी कार्य सुचारु ढंग से पूरे हुए थे।

जिस रोज मंजू की शादी का कार्ड छपकर आया था, एक हादसा हो गया था। दर्शनाभिलाषियों की सूची में घर-परिवार के सभी लोगों के नाम छपे थे। सिर्फ मेरा नाम गायब था। मैंने इस बात को सहज ढंग से लेकर नजरअन्दाज कर दिया था। लेकिन मेरी पत्नी को यह बात परेशान कर रही थी। उसने मंजू से पूछ ही लिया था कि कार्ड पर इनका नाम कैसे छूट गया।

मंजू ने बहानेबाजी करके बात को टालने की कोशिश की थी। लेकिन

चन्दा ने जिद्दी स्वभाव पाया है। वह अड़ गई। मंजू से सच्चाई उगलवाकर ही दम लिया था।

"भाभी, यहाँ कोई नहीं जानता कि हम वाल्मीकि हैं। सभी को यही पता है, खरे हैं। भैया का नाम छपते ही भेद खुल सकता था..." मंजू रुआँसी हो गई थी।

चन्दा को एक और अवसर मिल गया था मेरे सरनेम के खिलाफ मोर्चाबन्दी करने का।

ऐसा ही हादसा एक और रिश्तेदारी में हुआ था। चन्दा की भतीजी की शादी के कार्ड पर भी सभी के नाम थे। मुझे उसमें भी छोड़ दिया गया था।

इन सबका अर्थ यह कतई नहीं है कि उन सबके सम्बन्ध मुझसे खराब हैं। वे सब मेरे आत्मीय हैं। मेरे सरनेम से उनकी पहचान के खुल जाने का डर बना रहता है।

इस सरनेम के कारण जो दंश मुझे मिले हैं, उनको बयान करना कठिन है। परायों की बात तो छोड़िए, अपनों ने जो पीड़ा दी है वह अकथनीय है। परायों से लड़ना जितना आसान है, अपनों से लड़ना उतना ही दुष्कर।

डॉक्टर सुखवीर सिंह, दिल्ली विश्वविद्यालय के शिवाजी कॉलेज में रीडर थे। हिन्दी के विद्वान, समीक्षक, कवि, लेखक। वे भी मेरे सरनेम से दुखी थे। उनके निवास (विश्वास नगर, शाहदरा, दिल्ली) पर एक रात रुकने का अवसर मिला था। पराग प्रकाशन के श्रीकृष्ण जी से 'काली रेत' उपन्यास के प्रकाशन के सम्बन्ध में बात करनी थी। डॉ. सुखवीर सिंह जी के साथ ही मैं पराग प्रकाशन गया था। श्रीकृष्ण जी उपन्यास छापने को तैयार हो गए थे। यह अलग बात है कि वह उपन्यास आज तक नहीं छपा है।

उस रात डॉ. सुखवीर सिंह से एक लम्बी चर्चा हुई थी 'वाल्मीकि' सरनेम को लेकर। उस रात उन्होंने मेरे नाम से 'वाल्मीकि' हटाकर 'खैरवाल' चस्पाँ कर दिया था। उनकी सद्य:प्रकाशित पुस्तक 'सूर्यांश' पर मैंने समीक्षा लिखी थी, जिसे लेकर वे 'आजकल' में स्वयं गए थे। सम्पादक-मंडल के एक सदस्य ने ओमप्रकाश के साथ खैरवाल लगा देखकर जब आश्चर्य व्यक्त किया, तो डॉ. सुखवीर सिंह ने कहा था, "नहीं, अब से हम उन्हें 'वाल्मीकि'

नहीं, 'खैरवाल' ही कहेंगे।'' वाल्मीकि को अपने हाथ से काटकर उन्होंने खैरवाल लिखा था। 'आजकल' में यह समीक्षा ओमप्रकाश खैरवाल के नाम से ही छपी थी।

डॉ. सुखबीर सिंह को भी अपनी पहचान के खुल जाने का भय था। इसलिए वह सरनेम को अपने से दूर रखना चाहते थे। यही समस्या हरकिशन सन्तोषी जी की भी है। कई बार वे इस सरनेम पर कटाक्ष कर चुके हैं।

हरकिशन सन्तोषी जी के एक मित्र हैं सरदान ज्ञान सिंह जो मेरठ के पास खेखड़ा गाँव के रहनेवाले हैं। वे मुझे मेरे दलित लेखन के द्वारा ही जानते हैं। मेरी कविताओं-कहानियों से प्रभावित हैं। अक्सर लम्बे-लम्बे पत्र लिखते हैं। जहाँ एक ओर मेरी रचनाओं पर उत्साहवर्द्धक टिप्पणियाँ होती हैं, वहीं वे मुझे यह भी समझाने या उपदेश देने की कोशिश करते हैं कि मैं पढ़ा-लिखा मूर्ख हूँ। 'वाल्मीकि' सरनेम के कारण वे मुझे एक अशिक्षित व्यक्ति से भी गया-गुजरा मानते हैं। उनकी मान्यता है कि मैं जान-बूझकर ब्राह्मणवादी दलदल में फँसा हूँ। मुझे 'वाल्मीकि' सरनेम छोड़ देना चाहिए। अक्सर हरकिशन सन्तोषी जी और उनकी पत्नी का उदाहरण देकर समझाते हैं।

सफाई संगठनों के कर्मचारियों के निमंत्रण-पत्र बहुतायत में आते हैं मेरे पास, जिनमें सभाओं, बैठकों, अधिवेशनों का जिक्र होता है। एक बार मैंने हरकिशन सन्तोषी जी से इस बात का जिक्र किया तो वे मुस्कुराकर बोले, '' 'वाल्मीकि' सरनेम लिखोगे तो ऐसा ही होगा। सफाई कर्मचारी ही समझे जाओगे।''

मेरी रचनाओं पर जो पाठकों के पत्र आते हैं, उनमें कुछ पत्र वाल्मीकि युवाओं के भी होते हैं जो अपने नाम के साथ 'वाल्मीकि' सरनेम जोड़ना चाहते हैं।

नवोदित कवि महेन्द्र बैनीवाल ने भी 'वाल्मीकि' सरनेम अपने नाम के साथ लगाने की इच्छा जाहिर की थी। एक लम्बा पत्र-व्यवहार चला था। कुछ दिन लिखा भी, लेकिन बाद में बैनीवाल लगा लिया।

अभी हाल ही में, एक कार्यक्रम में मुझे 'बौद्ध साहित्य एवं दर्शन' पर व्याख्यान देने के लिए आमंत्रित किया गया था। मुझसे पहले दो-तीन विद्वान

बोल चुके थे। जैसे ही मैं बोलने के लिए माइक पर आया, एक श्रोता ने टोक दिया, " 'वाल्मीकि' बौद्ध-दर्शन और साहित्य पर बोलेगा। शर्म नहीं आती!"

उसकी टिप्पणी पर पूरा वातावरण बिगड़ गया था। आयोजकों ने उसे रोकने की कोशिश की थी। मेरी बात और तर्क सुनने के लिए वह तैयार नहीं था। मैंने हिन्दू समाज में फैली 'जाति' भावना पर बोलना शुरू किया तो वह कुछ शान्त हुआ। मुझे लगा कि समस्या गहरी है और उसके समाधान मात्र बाहरी। आन्तरिक विसंगतियों पर संवादहीनता है।

उस घटना पर आयोजक दुखी और खिन्न हुए थे। लेकिन मेरे लिए यह एक ऐसा अनुभव था जिसने मुझे और अधिक शक्ति दी थी।

डॉ. धर्मवीर से एक मुलाकात के दौरान इस 'सरनेम' से उपजी वितृष्णा पर बातचीत हुई थी। उनका कहना था, "इसे हटाइए मत...यह आपकी पहचान बन गया है।"

चंडीगढ़ में पाँच राज्यों (दिल्ली, पंजाब, हरियाणा, हिमाचल और उ.प्र.) के दलित साहित्यकारों का सम्मेलन हुआ था। दो दिन चलनेवाले इस सम्मेलन के अन्तिम सत्र में मुझे अपना वक्तव्य देना था। मेरे बाद दलीप सिंह एडवोकेट (हिमाचल) का वक्तव्य हुआ था। वे भूतपूर्व विधायक हैं। अच्छे वक्ता हैं। उन्होंने मेरे सरनेम पर एक उत्साहवर्धक टिप्पणी की थी। साथ ही मेरी कविताओं और कहानियों पर भी समीक्षात्मक चर्चा की थी। चर्चा में कुछ ऐसे मुद्दे उठ गए थे कि अन्तिम सत्र उत्तेजक वातावरण में समाप्त हुआ था। 'वाल्मीकि' सरनेम ने यहाँ भी अपना असर दिखाया था।

सभी साहित्यकार किसान भवन में ही ठहरे थे। मैं अपने मित्र रामसिंह जी के निवास सेक्टर 47 में रुका था। उनकी पत्नी इन्दुजी साहित्यिक अभिरुचि-सम्पन्न हैं। पुस्तकों के अध्ययन-मनन का उन्हें शौक है।

सत्र में हुई चर्चा का जिक्र मैंने उनसे किया था। वैसे तो वे कभी खुलकर नहीं कह सकीं, लेकिन उस रोज उन्होंने दबे स्वर में कहा था—'वाल्मीकि' सरनेम कुछ ठीक नहीं लगता। उस समय इस पर हम ज्यादा बहस नहीं कर सके थे, न वैसी कोई गुंजाइश थी।

अगले रोज वे लोग मुझे बस-अड्डे तक छोड़ने आए थे। सेक्टर 47 में

जहाँ बसें रुकती हैं, बेंचों पर ड्राइवर और कंडक्टर बैठे रहते हैं। जिस समय हम वहाँ पहुँचे, वे जोर-जोर से बहस कर रहे थे। ज्यादातर ड्राइवर सिक्ख थे। एक ड्राइवर ने बहस का समापन करते हुए, "कुछ भी कहो...चाहे जिन्ना बड्डा अफसर वण जावे, उस दी जात नी बदल सकदी...चूहड़ा है तो रहेगा चूहड़ा ही..."

इस वार्तालाप को सुनकर इन्दुजी ने मेरी ओर देखा। उनकी आँखों में जैसे प्रश्न था, 'अब कहो लेखक जी, इसके बाद भी आपके सरनेम का कोई औचित्यपूर्ण तर्क है?'

कुछ देर की खामोशी के बाद इन्दु जी ने कहा था, "आपका यह सरनेम किसी दिन आपकी प्रतिष्ठा को जबरदस्त धक्का पहुँचाएगा।" उसी क्षण पास खड़ी उनकी बेटी सोनिया बोल पड़ी, "अंकल जी, मैं अपने नाम के साथ वाल्मीकि लिखूँगी।" उनका बेटा साहिल इस चर्चा को समझ नहीं पा रहा था।

इन्दु जी भविष्य के प्रति आशंका से भर गई थीं। कुछ बोल नहीं पाईं। बस-ड्राइवरों की ओर एकटक देख रही थीं।

दफ्तर में भी कई अधिकारी सहकर्मी तथा अधीनस्थ कर्मचारी इस सरनेम के कारण मेरा मूल्यांकन कम करके आँकते हैं। शुरू-शुरू में गुस्सा आता था। आक्रोश में उलझ भी पड़ता था। विरोध तो अब भी करता हूँ लेकिन अलग-अलग ढंग से। अब कुछ सहजता से लेता हूँ। क्योंकि यह एक सामाजिक रोग है जो मुझे झेलना पड़ रहा है। 'जाति' ही जहाँ मान-सम्मान और योग्यता का आधार हो, सामाजिक श्रेष्ठता के लिए महत्त्वपूर्ण कारक हो, वहाँ यह लड़ाई एक दिन में नहीं लड़ी जा सकती है। लगातार विरोध और संघर्ष की चेतना चाहिए जो मात्र बाह्य ही नहीं, आन्तरिक परिवर्तनगामी भी हो, जो सामाजिक बदलाव को दिशा दे।

अब तो यह 'सरनेम' मेरे नाम का एक जरूरी हिस्सा बन गया है जिसे छोड़कर 'ओमप्रकाश' की कोई पहचान नहीं है। 'पहचान' और 'मान्यता' दोनों शब्द अपने आपमें बहुत कुछ कह देते हैं। डॉ. अम्बेडकर दलित परिवार में जन्मे थे। लेकिन 'अम्बेडकर' ब्राह्मण का द्योतक था, जो एक ब्राह्मण

अध्यापक का दिया हुआ उपनाम था। लेकिन भीमराव के साथ जुड़कर उनकी पहचान बन गया, जिसके अर्थ ही बदल गए। आज 'भीमराव' का 'अम्बेडकर' के बिना कोई अर्थ नहीं है।

बात सन् 1980 के आसपास की है। मैं और मेरी पत्नी चन्दा राजस्थान भ्रमण से वाया दिल्ली चन्द्रपुर (महाराष्ट्र) लौट रहे थे। जयपुर से पिंक सिटी एक्सप्रेस में सीट मिली थी। पास की सीट पर एक सम्भ्रान्त परिवार, पति-पत्नी और दो छोटे बच्चे बैठे थे, जो जयपुर से नई दिल्ली जा रहे थे। बातचीत में पता चला कि पति किसी मंत्रालय में अधिकारी थे।

सामान्य बातचीत चल रही थी। सहज और सुखद वातावरण था। राजस्थान की खूबसूरती पर चर्चा चल रही थी। मेरी पत्नी और अधिकारी की पत्नी घुल-मिलकर बतिया रही थीं। स्त्रियों में अपरिचय की दीवार जल्दी टूटती है।

अचानक बातचीत के बीच विषय बदल गया। अधिकारी की पत्नी ने मेरी पत्नी से पूछा, "बहन जी, आप लोग बंगाली हैं?"

मेरी पत्नी ने सहजता से उत्तर दिया, "जी नहीं, उत्तर प्रदेश के हैं। मेरे पति ऑर्डनेंस फैक्टरी, चन्द्रपुर (महाराष्ट्र) में पोस्टिड हैं।"

"कौन जात हो?" अधिकारी की पत्नी ने दूसरा सवाल दागा।

प्रश्न सुनते ही मेरी पत्नी का चेहरा फक्क पड़ गया और मेरी ओर देखने लगी।

सारा माहौल बिगड़ गया था। जैसे अचानक स्वादिष्ट व्यंजन में मक्खी गिर गई। जब तक मेरी पत्नी कुछ उत्तर देती, मैंने उत्तर दे दिया, "भंगी।"

'भंगी' शब्द सुनते ही सन्नाटा छा गया।

रास्ते भर दोनों परिवारों में कोई संवाद नहीं हुआ। एक ऐसी दीवार बीच में खड़ी हो गई थी, जैसे हमने किसी चोर दरवाजे से घुसकर उनकी हँसी-खुशी में खलल डाल दी हो! माहौल बोझिल हो गया था। बहुत तकलीफदेह हो गई थी यात्रा।

ऐसी एक नहीं, अनेक घटनाएँ हैं। बचपन से लेकर आज तक न जाने कितने दंश जिस्म पर ही नहीं, मन पर भी चुभे हैं। इस घृणा-द्वेष के पीछे

कौन से ऐतिहासिक कारण हैं? जब-जब भी वर्ण-व्यवस्था को आदर्श माननेवालों और हिन्दुत्व पर गर्व करनेवालों से पूछा तो सीधे उत्तर देने के बजाय बात को अक्सर टाल जाते हैं या नाराज हो जाते हैं। ज्ञान की बड़ी-बड़ी बातें कहेंगे। लेकिन इस सच्चाई को स्वीकार नहीं करेंगे कि आदमी को जन्म के आधार पर मानवीय मूल्यों से वंचित रखना किसी भी तरह न्यायसंगत नहीं है। सवर्णों के मन में कई प्रकार के पूर्वग्रह हैं जो आपसी सम्बन्धों को सहज नहीं होने देते हैं।

भारतीय समाज में 'जाति' एक महत्त्वपूर्ण घटक है। 'जाति' पैदा होते ही व्यक्ति की नियति तय कर देती है। पैदा होना व्यक्ति के अधिकार में नहीं होता। यदि होता तो मैं भंगी के घर पैदा क्यों होता? जो स्वयं को इस देश की महान सांस्कृतिक धरोहर के तथाकथित अलमबरदार कहते हैं, क्या वे अपनी मर्जी से उन घरों में पैदा हुए हैं? हाँ, इसे जस्टीफाई करने के लिए अनेक धर्मशास्त्रों का सहारा वे जरूर लेते हैं। वे धर्मशास्त्र जो समता, स्वतंत्रता की हिमायत नहीं करते, बल्कि सामन्ती प्रवृत्तियों को स्थापित करते हैं।

तरह-तरह के मिथक रचे गए—वीरता के, आदर्शों के। कुल मिलाकर क्या परिणाम निकले? पराजित, निराशा, निर्धनता, अज्ञानता, संकीर्णता, कूपमंडूकता, धार्मिक जड़ता, पुरोहितवाद के चंगुल में फँसा, कर्मकांड में उलझा समाज, जो टुकड़ों में बँटकर कभी यूनानियों से हारा, कभी शकों से। कभी हूणों से, कभी अफगानों से, कभी मुगलों, फ्रांसीसियों और अंग्रेजों से हारा, फिर भी अपनी वीरता और महानता के नाम पर कमजोर और असहायों को पीटते रहे। घर जलाते रहे। औरतों को अपमानित कर उनकी इज्जत से खेलते रहे। आत्मश्लाघा में डूबकर सच्चाई से मुँह मोड़ लेना, इतिहास से सबक न लेना, आखिर किस राष्ट्र के निर्माण की कल्पना है?

वक्त बदला है। लेकिन कहीं कुछ है जो सहज नहीं होने देता है। कई विद्वानों से जानना चाहा कि सवर्णों के मन में दलितों, शूद्रों के लिए इतनी घृणा क्यों है? पेड़-पौधों, पशु-पक्षियों को पूजनेवाला हिन्दू दलितों के प्रति इतना असहिष्णु क्यों है? आज 'जाति' एक विशिष्ट और महत्त्वपूर्ण घटक है। जब तक यह पता नहीं होता कि आप दलित हैं तो सब कुछ ठीक रहता

है, 'जाति' मालूम होते ही सब कुछ बदल जाता है। फुसफुसाहटें, दलित होने की पीड़ा चाकू की तरह नस-नस में उतर जाती है। गरीबी, अशिक्षा, छिन्न-भिन्न दारुण जिन्दगी, दरवाजे के बाहर खड़े रहने की पीड़ा भला आभिजात्य गुणों से सम्पन्न सवर्ण हिन्दू कैसे जान पाएँगे?

'जाति' ही मेरी पहचान क्यों? कई मित्र मेरी रचनाओं में मेरे लाउडनेस, ऐरोगैंट हो जाने की ओर इशारा करते हैं। उनका इशारा होता है कि मैं संकीर्ण दायरे में कैद हूँ। साहित्यिक अभिव्यक्ति को व्यापक अर्थों में ग्रहण करना चाहिए। संकीर्णता से बाहर आना चाहिए। यानी मेरा दलित होना और किसी विषय पर अपने परिवेश, अपनी सामाजिक-आर्थिक स्थिति के अनुसार दृष्टिकोण बनाना ऐरोगैंट हो जाना है, क्योंकि मैं उनकी नजर में सिर्फ एस.सी. हूँ, दरवाजे के बाहर खड़ा रहनेवाला।

●●●